认知与语言教育

（第二辑）

RENZHI
YU
YUYAN JIAOYU

主编　冯文坤

电子科技大学出版社
University of Electronic Science and Technology of China Press
·成都·

图书在版编目（CIP）数据

认知与语言教育. 第二辑 / 冯文坤主编. —成都：电子科技大学出版社，2018. 12

ISBN 978-7-5647-6705-1

Ⅰ. ①认… Ⅱ. ①冯… Ⅲ. ①认知语言学－研究 Ⅳ. ①H0-06

中国版本图书馆 CIP 数据核字（2018）第 302715 号

认知与语言教育（第二辑）

主　编　冯文坤

策划编辑　谢应成
责任编辑　谢应成

出版发行　电子科技大学出版社
　　　　　成都市一环路东一段 159 号电子信息产业大厦九楼
　　　　　邮编　610051
主　　页　www.uestcp.com.cn
服务电话　028-83203399
邮购电话　028-83201495

印　　刷　成都市火炬印务有限公司
成品尺寸　185 mm×260 mm
印　　张　9
字　　数　210 千字
版　　次　2018 年 12 月第一版
印　　次　2018 年 12 月第一次印刷
书　　号　ISBN 978-7-5647-6705-1
定　　价　48.00 元

编 委 会

主　　编　冯文坤

副 主 编　俞　博

执行主编　俞　博

编　　委　楚　军　何立芳　胡杰辉

王爱华　邹　涛　张　勋

前　言

经过半年时间的组稿、审稿和编辑加工，《认知与语言教育》（第二辑）即将与专业语言工作者和广大读者见面了。我得像上一辑那样重申，本丛刊作为四川省认知语言学研究会的会刊，由学会委托电子科技大学外国语学院负责编辑，并由电子科技大学出版社出版。电子科技大学外国语学院俞博副教授具体负责稿件筛选和校对等相关工作流程。研究会对会刊的定位是：秉持“学术至上，力求创新，有益争鸣”的用稿原则，同时坚持三个面向：面向认知学科领域、面向学术创新与学术争鸣、面向全省语言教育工作者。

与第一辑相比较，本辑分成“语言学研究”“认知诗学与文学研究”“翻译研究”“外语教学研究”四个栏目。全书共收录论文17篇，其中14篇第一作者为一线语言教师，3篇为在读研究生，涵盖中、英、法、日等语种，既涉及语言理论，又结合教学实践，既关注文学经典解读，也聚焦现代语言应用。整体而言，有三点十分显著的特征：实证性、现实性和学术性。具体言之，实现了理论与反思相结合，个案与实证相结合和语言教育与语言教学相结合。本辑论文作者注意语言现象的观察，继而从学理层面进行加工提炼，从而得出一种阶段性和以待来者持续思考的开放性结论。学术之道，除了基本的学术规范，应该是开放视野，既要面向学术共同体，又要面向引发思考的现实，继而反诸于己产生独立思考，最终实现理论的自我创新。

本丛刊以“认知与语言教育”为刊名，其初衷是考虑到认知是人之为人的基本属性或人的思维的动力所在，其表现为“思维与意识”。而人的认知能力既是作为“类”的人类的基本特征，又是一种因被置于关系中或经验中的建构性生成和限制。而语言既参与人的认知建构，又同时固化认知范式和认知过程的显性表征或视阈，而语言表征往往构成人的认知的既成的抹不去的前提和背景，如体现为语言范畴的文化概念、伦理概念和叙事概念以及因记忆而形成的思维的前定性等。目前，学界开展的“具身认识”研究以及引发的“具身哲学研究”“具身诗学研究”“具身语言学研究”“具身人类学研究”等都是基于认为：认知是身体的认知，心智是身体的心智，离开了身体，认知和心智根本就不存在。《周易·系辞》讲，“言出乎身，加乎民”“近取诸身，远取诸物”。《道德经》则讲，“居善地，心善渊”，都谈到“身”与“言”“身之处”与“心智”的密切关联。可见，“心智”是历史的、文化的、民族的、族群的，也是区域性的。因此，本丛刊旨在推动基于对话的多语言教育研究、基于跨文化对话和理解的文学文化对比研究，以及基于母语认知和目标语认知的比较研究等。

2019年《认知与语言教育》将围绕认知与语言教育，加强中国文明与世界文明对话问题的关注，聚焦和深耕母语教育与民族认同研究、外语学习与文化认知障碍研究、本土文化核心概念群的认知惯性与动力研究、民族和个人身份认同与语言叙事研究。本丛刊将继续坚持“学术的思想性”与“思想的学术性”彼此蕴存，以学术关怀现实，以现实著显学术，以认知和语言为话题，鼓励学科融合、文化共存和文明互鉴。认知是思维的动力，语言是认知绽放出的花朵。凡语言、文化、文学或一个民族的文化和精神无不是从认知的这个根源上结出的花瓣。

本会刊第二辑得以出版，感谢学界同仁对四川省认知语言学研究会的支持和厚爱，感谢广大作者的积极投稿，感谢王爱华教授、邹涛教授、何立芳教授、胡杰辉教授等栏目组稿人执着的学术付出，感谢楚军教授、俞博副教授和张勋老师为刊物出版所做出的无私奉献，感谢电子科技大学出版社编辑们的辛勤劳动。

冯文坤

2018年12月

目　　录

语言学研究

认知诗学与文学研究

翻 译 研 究

外语教学研究

语言学研究

栏目主编：王爱华，女，1966年生，博士，电子科技大学外国语学院教授，中西语言哲学专业委员会常务理事，四川省认知语言学研究会会员。主要研究方向为语言哲学、语义学和语用学。

当前，认知语言学在国内较为火热，其关注的语言现象丰富多彩，使语言学研究趣味盎然。本期收录的6篇文章，将认知语言学的理论与其他理论相结合，分别探讨了语篇、语词、语句和语用等现象。胡益军从结构、功能、语用与认知之间的内在关系探讨了语篇的生成规律，其语篇建构体系的分析框架值得借鉴。关于语词的研究，李珣和王爱华用认知语言学中的物性结构理论和概念整合理论结合评价理论，较为合理地解释了“朽木”之类无评价要素的评价性语词的语义结构和评价义生成机制。刘晓明用原型范畴理论探讨了“母亲/妈妈”的语义范畴特征，并提出其各种义指对象具有家族相似性，义指对象之间的差异在心理上造成不同的认知情感反应。吴瑶从“主体-背景”概念和认知视角分析了法语 dont 关系从句的聚焦机制。罗晨和许婷的论文关涉语用失误问题，他们从社会认知语用学的视角，调查和分析了两类语用失误的特征和形成机制。汤朝菊和钟陶通过统计和归纳文学作品中四川方言的使用数量、频次，语用语境，方言的语义解读等，对作品中方言的地域特色、语用来源和作家的个人语言认知和运用倾向进行分析，从而阐释了方言在文学作品中的特殊语用功效。

——王爱华

英语劝说功能语篇生成体系个案研究

成都理工大学外国语学院　胡益军

摘　要：本文针对语篇建构需要，加强语篇理论的应用，使用组合聚合结构分析法，以“社会-语言”取向的生成视角，通过揭示一劝告语篇语境、语篇、语法、词汇间的各种隐性关系，以及结构、功能、语用、认知的内在联系，构建出该语篇生成体系，形成语篇生成分析法。总结这一语篇生成体系的建立过程，得出结论。语篇生成是基于语篇行为结构及其成分，通过语篇结构，拓展语篇内容，使用语言语法资源，构建语篇语义，实现意态情态互动的过程。基于结论，我们发现关于语篇建构和语篇理解的观点，结构即意义。

关键词：劝说语篇；言语行为；语篇结构；生成体系

A Case Study on English Discourse Generation System with a Persuasive Text

HU Yijun
School of Foreign Languages，Chengdu University of Technology

Abstract：Discourse theories and syntagmatic-paradigmatic analysis method were applied to meet the need of text construction. We revealed various implicit relations among context，discourse，grammar and vocabulary and the inside links among structure，function，pragmatics and cogitation from the generative perspective of “society-to-language” orientation in a text. The study resulted in a generative system of the text and a generative discourse analysis method. A conclusion was drawn from the study that the discourse generation is a process in which the discourse contents spread within the discourse structure while modalization and modulation are interacted based on the discourse act structure. We see from the conclusion that structure is meaning，which guides textual construction and comprehension.

Key words：persuasive text；speech act；discourse structure；generation system

---

此文为成都理工大学“英语认知语言学应用研究”优秀科研创新团队（WYKT2016-1）课题下研究成果。

自 Harris（1952）发端语篇分析以来，语篇分析重在“语言本身”，多是在“语言-社会的连续体”上“语言”端出发的研究（黄国文 2006：3-4）。这种研究取向主要从痕迹证据对语言行为进行追溯，从文字语音记录材料出发，重在语言本身对交际、语境、社会和思维或与其相关的功能、语用、认知等外部世界的反映，主要从共时语篇间横向归纳语篇体裁、类型的共同结构和特征，目的主要在于理解、解释和研究语篇。“语篇结构”是语篇分析的“主要研究领域”，（何继红、张德禄，2016：74）语篇分析形成纷繁复杂的研究性语篇结构。何继红与张德禄在 2016 年较全面地总结了 60 年来语篇结构的研究性体系。

“从语篇生成的角度看，语篇是交际参与者之间进行社会意义交换的互动过程。”（苗兴伟，2004：11，2006：46）语言实践更关注语篇生成，但是，还没有从生成视角深入地纵向考察语篇理论应用或考察语篇体系的研究。语篇生成角度与追溯研究角度相反，应以“社会-语言”为取向，重在社会端，从特定语境和情景的语言互动行为出发研究语篇建构，寻找社会文化语境和情景管束的系列行为及其实现的语篇和语言工具选择。与研究性语篇分析关注语篇结构、特征共性归纳不同，语篇生成重视具体语篇内部体系的建构。本文以英语劝说功能语篇为例，采用语篇生成的“社会-语言”取向，立足于情景语言行为，研究语篇拓展及其所形成的语篇结构体系和语篇语义建构方式。

1　语篇行为结构

语篇行为是“宏观言语行为”（刘思 2005：8-9）。“宏观行为”反映总体意图。（Schegloff，1997：162）宏观言语行为是语篇生成者在特定社会文化语境和情景中“主要目的和意图”的实施。（刘思 2005：8-9）语用学在小句层面研究的言语行为是语言-社会取向的微观言语行为。及物性结构指“系统地表示参与某种交际的人之间的关系，并表示参与者的行为、状态或环境之间关系的语法特征。”（侯国金，2009：119；戴炜华 2007：875）这样，语篇行为的结构是一个及物性结构，语篇生成者是其参与者，相应语境情景因素是参与者所在的环境。在语篇理解行为中，理解者首先可确定的是单个的词汇、词组或语句，通过一系列的关联、认知和计算活动，推导语篇行为及其方式以及对应情景和语境。与语篇理解行为不同，语篇生成行为中，首先确定的是语境和情景，然后是语篇行为的决定，再是决策实现语篇行为的方式方法和途径。

It is very important to exercise. Many studies have shown that regular activity and exercise can improve overall health substantially. Exercise reduces the risk of heart disease by up to 35%，stoke by about 28%，certain cancers by 20% and more，and high blood pressure by an amazing 52%. Exercise can also help you to build healthy bones and muscles. Athletes must do physical training on a regular basis to increase their level of performance. Exercising includes walking，running，biking，and plenty of other activities as well. My advice would be to pick something you enjoy doing. Then，you must stick to a schedule. You can even pick a few different activities to mix things up and keep it interesting. Also，always stretch before physical activity! This is very important as you do not want to pull muscles. Most importantly，to keep a healthy body you must stay active.

以上语篇是一劝说功能语篇，该语篇产生前，作者“I”身处确切的社会文化语境和情景，受语域语旨直接约束，即参与者社会地位和角色关系约束，做出劝告“advise”，而不是命令“order”或影响“influence”读/听者“you”“to exercise”的行为决定。作者决定，一方面通过自己情态之力直接干预读者/听者，另一方面借助语篇之力影响读者/听者的意态。这样，这一语篇行为的及物性结构的语言表达式被确定为“I advise you to exercise，telling you that many studies have shown that exercise improves overall health substantially”。

这一语篇行为结构中，如果情景语旨不同，权势地位相差悬殊，作者会仅凭发号施令的意态力量实施语篇行为，显示单方情态，“telling you…”意态影响行为失去必要。在实际语篇行为的及物性结构中，“advise”是过程，也是行为焦点，“I advise you to exercise”是核心任务，“telling…”是在这一情景语旨兼容的行为，是辅助性的任务。所以，我们不能将此语篇行为结构改为“I tell you that many studies have shown that exercise improves overall health substantially to advise you to exercise”。也不能改为“the readers are advised to exercise”，因为这样改变了语篇的情景生成视角，而成为情景外的客观描述视角，语篇主客观关系发生变化。

语篇行为及其结构明确后，语篇生成者根据 Van Dijk 语篇宏观结构理论考察的“宏观结构”与“小句的功能”和“语法”（1977：130）语言资源之间相联系的语用体现理据，进入语篇语言本体的实质建构阶段。

2 语篇人际体系

2.1 语篇人际结构

Austin 的“言语行为”（1962）属于人际互动行为。语篇行为是交际一方对另一方实施的行为，也是语篇人际行为，存在于语篇情景的情态语义结构中，是语篇层面人际功能和人际意义的典型体现。Halliday 功能语法（1994）“主要在小句层面”（李战子 2001：49）研究的人际功能和人际意义，是语言-社会取向下的“微观”研究。在此取向下的扩展研究，一是语篇及“社会”“互动”的“宏观”层面，二是，在“小句”微观层面与语篇宏观层面间的关系领域。（李战子，2001：49-50）人际意义“在说话的主体、语篇与读者以及语篇之间的互动的对话过程中”定位。（David Lodge 1993：86）语篇人际意义体现在语篇行为中，形成语篇人际行为，体现在语篇行为结构中，形成语篇人际结构。语篇人际结构是语篇中宏观的人际结构，宏观人际结构还需要通过具体的言语行为实施，从而形成中观或微观的人际结构。

2.2 语篇人际资源扩展

语篇行为和人际结构确定后，紧接着面临细化实施的问题，即如何挖掘资源，拓展内容，形成具体人际行为的表达式。这些人际行为体现在语篇语言内容中，构成人际语篇。

所研究的语篇在确定其宏观语篇行为结构“I advise you to exercise”后，根据锻炼经验和知识选出系列具体的劝告内容，形成语篇人际行为的系列实施行为（如表 1 所示）。

表 1　语篇人际行为扩展

I advise you to	Exercise	
I advise you to	pick	something you enjoy doing.
I advise you to	stick	to a schedule
I advise you to	pick	a few different activities to mix things up
I advise you to	keep	it interesting.
I advise you to	stretch	before physical activity!
I advise you to	stretch	before physical activity again!
I advise you to	stay active	to keep a healthy body

表 1 表明，所研究的语篇人际行为实施过程中劝告资源的挖掘，从“Exercise”出发挖掘出“pick…Stick…pick…keep…stretch…stretch…stay…”系列劝告环节，形成一个具有相互喻示的词汇网络。这些词汇与语篇行为结构的环境成分“exercise”，在语篇行为及物性结构基础上形成系统聚合。这些环节内容也是人际结构所涉及的环境下成为“exercise”的话题内容，也是人际结构话题资源。

语篇人际话题资源获得扩展后，语篇生成者需要根据自己的语言知识和语言能力把这些资源最终在语篇中以具体言语行为形式呈现出来。为这种呈现，语篇生成者利用“语气系统”的“语法资源”手段“建构”（苗兴伟 2004：5-6），要么直接施为，要么通过一致式明示，或通过隐喻、关联隐示，生成语篇意态语义，选用何种语气方式取决于情景语旨和生成者语用预设。

所研究的语篇系列锻炼劝告行为确定后，需要一个个的语句呈现。但是，这些劝告行为的语句实施并没有使用“I am advising you to…”的描述式，也没有使用“I advise you to…”直接施为式，也没有使用同一语句表达式。而是根据上下文使用表 2 中的各不相同的间接方式，使用情态动词（Would，Must，Can）陈述、祈使（Keep，stretch）、评价陈述（is important）以及 advice、important 词汇手段。实际上这些间接表达式都是劝告施为式及语篇行为结构的隐喻式，包括词汇隐喻和句法、语气隐喻。其解读必然放在“advice”功能语义框架下，而不能放在“order”功能语义框架下。行为表达式的语气、词汇资源与劝告环节内容资源、词汇资源相互配置，形成语篇人际体系的最终表达资源。

表 2　语篇言语行为表达式

人际行为表达资源	语气资源	语气词汇资源	话题词汇资源
It is very important to exercise.	陈述	Is（important）	exercise
My advice would be to pick something you enjoy doing. Then，you must stick to a schedule. You can even pick a few different activities to mix things up and keep it interesting. Also，always stretch before physical activity! This is very important as you do not want to pull muscles. Most importantly，to keep a healthy body you must stay active	虚拟 陈述 陈述 祈使 陈述 陈述	Would（advice） Must Can stretch is（important） Must（importantly）	Pick… Stick… Pick…and keep… Stretch… Stretch… Stay…

2.3 语篇人际组织拓展

在语篇生成者决定系列人际行为和言语行为表达式的同时，还要决定语篇线性的信息推进方式，即主位推进方式。语篇生成者推出言语行为语句时，首先从语境、情景、语篇行为或其结构参与者成分出发确定主位，这样的主位是已知，也是语篇发展的出发点。

所研语篇的人际行为体系中，主要承接语篇行为结构成分“I advise you…”中的参与者“you”，以其为主位，既把情景与实际语篇联结起来，又引出劝告内容，采用主位推进模式的语篇得到展开。同时语篇发展的时空安排要求从“pick…”劝告开始，按一定的经验逻辑顺序，经“stick…pick…keep…stretch…stretch…”拓展到“stay…”并通过“then”“also”和“most importantly”的紧密衔接，实施系列劝告言语行为，完成语篇人际行为，形成人际语篇。

通过上面分析，我们看到语篇人际体系和人际语篇的生成过程：语篇生成者通过语篇人际行为的确定，挖掘人际行为话题资源和言语行为的语言语法资源，形成系统聚合，进一步在组合匹配基础上，配置主位推进，经逻辑安排和衔接连贯，组织联结成浑然一体的人际语篇和语篇人际体系。这样在语篇人际体系的生成过程中，我们看到组合聚合结构、主述位结构、逻辑结构、衔接连贯结构的生成及其所承担的语篇拓展和联结功能，即 Halliday（1994）功能语法理论中的“语篇功能”，也看到在人际结构体系所构建的人际意义。

3 语篇话题体系

3.1 语篇话题结构

情景语域中的语旨较典型地体现在语篇人际体系中。语篇人际行为总是围绕一定的话题展开，围绕某人、事和物展开，形成语篇的话题内容。话题结构指所言说人、事和物等事项间的关系，存在于语篇宏观、中观、微观各层面纬度上，共同构成语篇话题体系，宏观层面话题结构是语篇话题结构，通过话题结构体现进行拓展和体现。语篇话题结构受语篇行为结构关涉，是语篇话题事项间形成的组合及物结构（如表 3 所示）。

表 3　语篇话题扩展

exercise	improves overall health		substantially
walking, running, biking, other activities	reduces	diseases	substantially
		heart disease	by about 28%
		stoke	by up to 35%
		cancers	by 20% and more
		high blood pressure	by an amazing 52%
	builds healthy bones and muscles		
	increases their level of performance		

3.2 语篇话题资源扩展

与语篇人际体系的形成类似，语篇话题体系的形成需要语篇生成者的系列措施才能实现。语篇行为和话题确定后，生成者需要首先找到语篇话题扩展资源。

所研究的语篇行为“I advise you”涉及两方面的语篇话题和话题结构，一是意态要求对方“you”实施的“exercise”的内容；二是其情态策略所涉及的内容，即“telling you that many studies have shown that”后一句“exercise improves overall health substantially”所体现的话题和话题及物结构。这两方面的话题必须通过话题资源挖掘得到拓展。第一方面的话题资源拓展已在 2.2 中阐述；第二方面的话题“exercise”“overall health”及由“improve”隐喻的话题拓展和话题结构继承如表 3 所示。“walking”“running”“biking”对“exercise”进行拓展，“reduces diseases”“builds healthy bones and muscles”和“increases their level of performance”对“improves overall health”进行拓展。

当然，话题资源必须附上一定的情态值才能参与人际行为中，促进语篇意态实施。话题资源情态可以首先表现为非语篇生成者的情态，但最终语篇生成者必须在它情态上明示或隐示地引出自己的情态立场。所研语篇中“... improves ...substantially”语句是在肯定与否定两极间的情态选择，由其拓展资源“up to 35%”“about 28%”“by 20%and more”和“an amazing 52%”的情态合成体现，这是互文语篇“many studies”的情态，也隐喻生成者或此语篇的情态。

3.3 语篇话题组织拓展

语篇话题资源获得同时，就在行为及物结构成分之下系统聚合，形成聚合结构，体现语篇概念功能。语篇话题内容推进与语篇人际内容推进一样，首先从语境、情景、语篇行为或其结构成分出发确定主位，这样的主位是已知，也是语篇发展的出发点。所研究的语篇继承语篇话题及物结构的主位和组合结构，以 exercise 为主位，平行推出“Reduces...”“build...”“increase...”述位信息以及“exercise”的种类聚合。在主位推进述位的过程中，各语句根据一定的逻辑和衔接连贯把话题资源组织在话题语篇中，拓展语篇，形成语篇话题体系，呈现话题语义。所研语篇话题体系中，“walking”“running”“biking”按照日常熟悉度安排，并加上相应的联结手段；“Reduces diseases”“build healthy bones and muscles”和“increase their level of performance”也按照不仅对不健康者而且对健康者有益的逻辑顺序排列并使用 also 等衔接手段。

表 3 显示所研语篇典型的话题结构，标题语句是语篇行为涉及的语篇话题结构表达，在语篇中予以明示，此语句与后面系列内容的总分关系，在语篇中也按概述-具体修辞结构得到安排。

通过以上分析，我们看出，语篇生成者通过语篇话题结构成分扩展，展开话题内容，并形成下义聚合关系和主述位推进模式，从而形成语篇话题体系，进而在这个体系中建构出语篇话题语义。我们在语篇话题体系的生成过程中，也看到组合聚合结构、主述位结构、逻辑结构、衔接连贯结构所承担的功能语法的概念功能和语篇功能。

4 语篇生成结构体系

通过上文对劝说语篇人际和话题资源拓展的分析，得到整个劝说语篇生成的拓展线路如表 4 所示。我们看到，基于语篇行为组合结构或其成分，语篇按聚合线路有序拓展以及基于这一线路形成各种语篇结构，基于这一线路语境、结构、语法、词汇、功能和认知获得统一。

表 4　语篇生成内容拓展线路

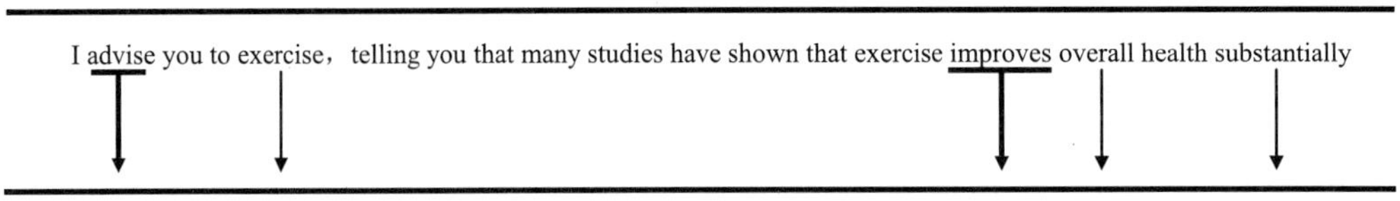

通过上文对语篇行为结构、人际体系和话题体系的分析，我们看到 Halliday 三大元功能“人际功能”“概念功能”和“语篇功能”（1994）在生成视角的所研劝说语篇体系中的典型体现：人际功能主要体现在语篇的人际体系中；概念功能主要体现在语篇的话题体系中；语篇功能体现在人际体系和话题体系的组织联结中。通过语篇行为的及物组合结构的纵向聚合扩展，形成语篇生成视角的“概念、人际、语篇意义结合体”（张德禄 1998：57）。功能语法内人际、概念、语篇功能“不存在主次问题”（胡状麟、朱永生 2005：12），但在本文的生成行为视角，人际是焦点，概念是内容，语篇是组织。在生成体系中，组合聚合是语篇资源的拓展方式，主述位是语篇资源的推出方式，逻辑是语篇资源的合理安排，衔接、修辞等手段是语篇资源的联结方式，都体现功能语法的语篇功能。不同语篇体裁类型被配置在人际语篇和话题语篇部分。在所研究的语篇中人际部分是劝说语篇，话题主要部分属于信息语篇，劝说语篇的意态基于话题语篇的情态增强实施力，两个次语篇因此被置于意态和情态关联的及物结构中。基于语篇人际及物组合结构和语篇话题及物组合结构及其成分，语篇通过聚合扩展、主位推进、逻辑安排和衔接连贯而拓展，在拓展中呈现内容，使用语法语言资源，形成各种语篇结构，建构语篇语义。语篇人际体系和话题体系如果是组句成段，那么，最后语篇生成者需要根据修辞理论把各体系进一步有机组织，进行布局成篇。所研语篇采用行为点题-情态影响-意态施为的宏观语篇逻辑修辞框架呈现整个语篇，以实施语篇规劝行为。这样，各种类、层次、纬度语篇结构之间的关系及其与语境、内容、语言、语法资源和语言元功能的关系，在语篇生成结构体系中得到整合，如表 5 所示。

表 5　语篇生成结构体系

<table>
<tr><td colspan="5">语篇行为</td><td>语境</td></tr>
<tr><td>维度</td><td colspan="4">人际结构（人际功能资源）（建构意态语义）体裁配置 —延伸→ 话题结构（概念功能资源）（建构情态语义）体裁配置；←促进—</td><td>情景（语域）</td></tr>
<tr><td>拓展组织</td><td>↓聚合扩展</td><td>↓主位推进</td><td>↓逻辑安排</td><td>↓衔接连贯</td><td rowspan="4">上下文</td></tr>
<tr><td rowspan="3">组织结构（语篇功能）</td><td>组聚结构</td><td>主述结构</td><td>逻辑结构</td><td>衔接结构</td></tr>
<tr><td colspan="4">修辞调整</td></tr>
<tr><td colspan="4">修辞结构</td></tr>
</table>

5 结论

语篇分析不乏对语境、语篇、功能、语法语言间的隐性体现和制约关系的揭示，但就具体语篇较完整地全面地成体系地建构这些方方面面的关系的研究少见。我们以社会-语言取向，从生成行为角度，分析一劝说语篇结构、内容展开、语言语法资源使用和语篇语义建构，不同于何继红和张德禄教授建立的语篇结构研究体系，建立了该语篇的生成结构体系以及生成结构语篇分析法，语篇分析研究形成的各个语篇结构、Halliday 语境理论的语域体系、Halliday 功能语法的功能类型在这一语篇生成结构体系得到配置整合。这一体系明示出具体语篇中语境、语篇、语法、语句、词汇间的隐性关系和结构、功能、语用、认知间的内在联系及其在语篇语义建构中的作用。

在此劝告语篇的生成结构体系建立过程中，我们发现，语篇行为是人际及物性结构体现在语篇内容上形成语篇的人际阶段和话题阶段，语篇通过其行为及物结构及其成分的系统聚合途径，以主位推进的方式扩展，在扩展过程中各成分使用各种语法、逻辑、功能、认知、衔接、联结手段，将各种类、层次、纬度语篇结构整合为一个语篇整体，构建出语篇语义。

我们得出结论，语篇生成是基于情景行为通过结构拓展内容，使用语言语法资源，同时构建语篇语义，实现情态意态互动的过程。这个结论对语篇建构的启示是，语篇建构和语篇语义建构即建构语篇结构；对语篇意义的解读启示是，在语篇结构中理解语篇语义。也即是说，我们获得结构即意义的观点。

这一语篇生成结构分析方法和其生成结构体系可用于指导语篇的创作过程。当然本文只是对规劝语篇的个例研究，还需对各种体裁、功能语篇的大量研究。同时，还需要深入地分析语篇生成者的行为，以及影响其行为的各种社会、文化、行为规约原则，以及实现这些行为的语言选择潜势等，不断完善扩展语篇的生成结构体系研究。

参考文献

[1] 戴炜华，等. 新编英汉语言学词典[M]. 上海：上海外语教育出版社，2007.

[2] 何继红，张德禄. 语篇结构的类型、层次及分析模式研究[J]. 外语与外语教学，2006（10）：1-4.

[3] 侯国金. 语言学百问和硕博指南[M]. 成都：四川大学出版社，2009.

[4] 胡状麟，朱永生，张德禄，等. 系统语言学概论[M]. 北京：北京大学出版社，2005.

[5] 黄国文. 语篇分析与话语分析[J]. 外语与外语教学，2006（10）：1-6.

[6] 李战子. 功能语法中的人际意义框架的扩展[J]. 外语研究，2001（1）：48-55.

[7] 刘思. 语篇的语用宏观结构[J]. 外语学刊，2005（1）：8-13.

[8] 苗兴伟. 人际意义与语篇的建构[J]. 山东外语教学，2004（1）：5-11.

[9] 苗兴伟. 语篇分析的进展与前沿[J]. 外语学刊，2006（1）：44-49.

[10] 张德禄. 语篇结构的多层次性及其与小句的关系[J]. 四川外语学院学报，1998（3）：53-57.

[11] Austin J.L.，1962. How to Do Things with Words[M]. London：Oxford University Press.

[12] Halliday M.A.K.，1994. Introduction to Functional grammar（2nd ed.）[M]. London：Arnold.

[13] Harris Z.，1952. Discourse analysis[M]. Language，28：1-30.

[14] Schegloff E. A.，1997. Confirming allusions：Toward and empirical account of action[J]. American Journal of Sociology，104：161-216.

[15] Van Dijk T.A.，1977. Text and Context：Explorations in the Semantics and Pragmatics of Discourse[M]. London：Longman.

无评价要素类评价性名词的语义认知新解
——以“朽木”一词为例

电子科技大学外国语学院　李　珣　王爱华

提　要：现代汉语评价语言系统中，刘慧将名词分为完全不带评价义的名词和带评价义的名词，并认定带评价义的名词都包含评价要素，如“良师”中，“良”是其评价要素。本文在分析实际语料后发现，有一类名词具有评价义，但自身不包含评价要素，如“朽木、老黄牛、栋梁”。现有文献对这类语词评价义的考察所涉甚少，因此，本文以“朽木”为例，结合物性结构、概念整合理论和评价理论，定性和定量分析解释此类无评价要素类评价性名词的语义结构和评价义产生机制和语词褒贬义判定机制，旨在丰富现代汉语评价系统研究。

关键词：无评价要素类评价性名词；负荷概念语词；物性结构；概念整合理论；评价理论

A Semantic Study on Words of Evaluative Meaning without Evaluative Elements

LI Xun，WANG Ai-hua
School of Foreign Languages, University of Electronic Science and Technology of China

Abstract: In Modern Chinese Evaluation System，Liu Hui defines that nouns with evaluative meaning contain evaluative elements themselves. However，one class of words still contains evaluative meanings，although they do not contain evaluative elements themselves，such as the word *朽木*（*Xiu Mu*，rotten wood）. However，few researchers has devoted to the studies of semantic structures and formation of this class of words. Therefore，to enrich the studies of the Modern Chinese Evaluation Words，this paper choose one particular word *朽木*（*Xiu Mu*）as an example to study the properties of the words of this class. Firstly，this paper calculate the usage frequency of *朽木*（*Xiu Mu*）based on the CCL corpus. Secondly，Qualia Structure，Conceptual Blending Theory and Appraisal theory are presented，which are capable of addressing the semantic structures and formation of its evaluative meaning.

Key words: Nouns without Evaluative Element；Qualia Structure；Conceptual Blending Theory；Appraisal theory

1 引言

评价是人类的一种实践活动。评价语言作为人类实施评价活动的外在表现形式，反映了说话人的观点、体现说话人的价值取向。刘慧（2011：75）建立了现代汉语评价语言系统，并划分了典型性成员与非典型成员。她把名词归为非典型性成员，并进一步划分为完全不带评价义的名词和带评价义的名词，其中带评价义的名词一般指词语中包含评价要素的名词，如“良师、益友”。“良”和“益”作为一种评价要素，传递了说话人的观点和价值取向。但刘慧的研究忽略了一类特殊的语词，他们自身不包含评价要素却具有评价义，如“老油条、朽木、老黄牛、栋梁”等。基于此，本文拟选取语词“朽木”为研究对象，从认知语言学角度探讨此无评价要素类评价性名词的语义结构和评价义的产生机制。

2 研究对象及研究问题

根据《现代汉语词典》（第六版），“朽木”字面义为烂木头，比喻义为不可造就的人。从语素组成看，“朽”作为动词，指“腐烂”或“衰老”；“木”可做名词，指“树木、木头”，也可做形容词，指“反应迟钝”或“麻木”。基于此，可发现“朽木”取字面义时，只描述了客观世界，并不作任何评价。而取其比喻义时，即指称“不可造就的人”时，“朽木”既描述了客观世界（不可造就的人），又对其进行了评价活动（这种人是不好的）。在语言哲学中，对负荷概念和单一概念的区分由来已久。负荷概念（Thick concept）（Pekka Vayrynen，2011：16）既包含描述义，又包含评价义，如 honesty 同时包含描述义（telling the truth）和评价义（good in a way）；单一概念（Thin concept）与其相对，指只含有评价义的语词，如 good。因此，本文认为“朽木”既是一个单一描述语词，又是一个负荷概念（Thick concept）语词。

本文拟回答以下两个问题：（1）在社会交往中，作为负荷概念（Thick concept）语词，即带有评价义的“朽木”和作为单一描述语词，即不带评价义的“朽木”各自的使用频率？两者的语义生成机制如何？（2）若在实际使用中，“朽木”作为负荷概念语词，既描述了客观事实，又传递了说话人的态度观点，那它的态度方向又是如何？针对以上问题，本文首先采用语料库检索方法，定量收集分析实际使用中“朽木”中评价义包含的情况；其次通过整合物性结构、概念整合理论和评价理论，从认知语言学和系统功能语言学角度揭示“朽木”的语义生成机制。

3 “朽木”的两种使用

“朽木”作为一类特殊的语词具有两种语义结构。若取字面义，指称“腐朽的木头”，则是单一描述语词；若取其隐喻义，指称“不可造就的人”，则属于负荷概念语词。本章节将探讨真实语料下“朽木”的使用情况和不同语义结构之间的关系。

3.1 “朽木”的语料收集

本文依托北京大学中国语言学研究中心语料库（Center for Chinese Linguistics PKU

后简写为 CCL），统计并计算了“朽木”两种语义的各自使用频数。在 CCL 现代汉语语料库中，“朽木”词条共出现 135 次，表 1 展示了带有评价义的“朽木”词条和不带有评价义的词条的各自出现频数。

表 1 “朽木”在现代汉语语料库中出现频数

词条类型	出现频数	出现频率	示例（摘自 CCL）
“朽木”（带评价义）	50	37%	遗憾的是，也有少数老师批评学生用语不够文明，什么“**朽木**不可雕”“不可救药”“木脑瓜子，笨头笨脑”“蠢驴”等等
“朽木”（不带评价义）	85	63%	过去抛在山上的枯枝**朽木**，无人问津，不值一文
总计	135		

表 1 表明在 CCL 的现代汉语语料库中，作为负荷概念语词，“朽木”出现 50 次；而作为单一描述语词，“朽木”出现 85 次。此结果表明，在实际使用中，“朽木”既用于描述客观世界的事实，指称腐朽的木头；同样，也用于指称“不可造就的人”，并通过语词传递说话人的态度、观点以及价值取向。虽然“朽木”的两种语义都有使用，但各自使用的语境略有不同。不带评价义的“朽木”常用于植物类语篇中，指称“腐朽的木头”，使用频率达 63%；而带评价义的“朽木”常用于社会交往类语篇中，使用者通常借助该词语表达其立场、态度和观点，其使用频率略低，仅为 37%。

3.2 “朽木”的两种语义生成机制

“朽木”作为单一描述概念语词，其语义可由组成语素推导出；而作为负荷概念语词，包含描述义（不可造就的人）和评价义（成为这种人是不好的），而其评价义并不能从其组成成分直接推导。Goldberg（1995：4）指出，当 C 是一个形式与意义的匹配体，且 C 的形式（Fi）或意义（Si）的某方面不能从 C 的构成成分或其他已有构式中完全推出，则 C 为一个构式。由此可看，带评价义的“朽木”是构式，是形式与意义的匹配体，其评价义不能从其组成部分完全推出。因此，本章将结合物性结构分析不带评价义的“朽木”的语义生成机制；同时，以物性结构和概念整合理论的糅合理论为框架阐释带评价义的“朽木”的语义生成机制。

3.2.1 不带评价义的“朽木”的语义生成机制

“朽木”作为单一描述概念语词，指“腐朽的木头”，其语义生成可从物性结构角度动态分析。物性结构是生成词库理论的核心内容，由 James Pustejovsky（1991：409）首次提出。他主张摒弃传统词典编纂式的词义列举方法，改用动态方法解释意义的生成和理解；强调词汇语义表达包括四个层面，即论元结构、事件结构、物性结构、词汇类型结构。物性结构基本涵盖与事物或人相关的所有百科性知识，包括形式角色、施成角色、功用角色和构成角色。

（1）构成角色：描述一个物体与其组成成分之间的关系，包括重量、材料等。

（2）形式角色：描写在更大的域内区分物体与其他物体的属性，包括方向、质量、形状、颜色等。

（3）功用角色：描写物体的功用。

（4）施事角色：描述物体的形成或产生，如自然创造、人工制造、因果关系等（Pustejovsky，1991：409）。

物性结构具有较强的语义解释力度，能够精细地描写名词所具备的语义知识和属性。“朽木”作为单一描述概念名词时，其物性结构分析如表 2 所示。

表 2　不带评价义的“朽木”的物性结构

“朽木”的物性结构	
构成角色	属于木质，由纤维素、半纤维素多糖和木质素等组成
形式角色	木材糟烂、解体
施成角色	木材遭遇菌害、虫害
功用角色	不能用于装饰雕刻

表 2 展示了不带评价义的“朽木”的物性结构。通过对比分析发现，在合成词“朽木”中，“木”指称语词的描述对象“木头”，“朽”从形式角色角度描述了该指称对象的属性，如其外实内空的形状和外形坑坑洼洼等。因此，两个语素组成语词“朽木”后，词语的形式角色被凸显，语义“腐朽的木头”被激活，进而被人们识得。

3.2.2　带评价义的“朽木”的语义生成机制

“朽木”作为负荷概念语词，指称“不可造就的人”时，单从物性结构角度解释并不能揭示其语义生成，而需要结合概念整合理论共同分析。概念整合理论由 Fauconnier 和 Turner 提出，旨在揭示语言在线意义构建背后的认知规律。物性结构包含事物或人的百科性知识，有助于更精细更直观地理解语义。鉴于两者较强的语义解释力度，不少学者尝试整合两种理论，用于揭示语词的意义建构过程。张辉、范瑞萍（2008：41）把物性结构理论纳入概念整合的网络中，以更具体、更易操作的方式分析汉语形名组合的意义建构。李强（2014：44）则用物性结构和概念整合的糅合理论分析名词隐喻现象，改动后的概念整合网络如图 1 所示。

李强认为传统的概念整合网络的心理空间输入为事物、动作或性质等，而糅合模型的心理空输入为名词物性结构中的形式角色、构成角色、功用角色和施成角色等语义信息，且这些物性角色在心理空间中相互联系共同构成一个网络。在概念整合中，两个输入空间的物性角色特征有选择地被映现到新的整合空间中去。基于以上的理论整合尝试，本文将探讨语词“朽木”的字面义“腐朽的木头”与其隐喻义“不可造就的人”之间的关系，如图 2 所示。

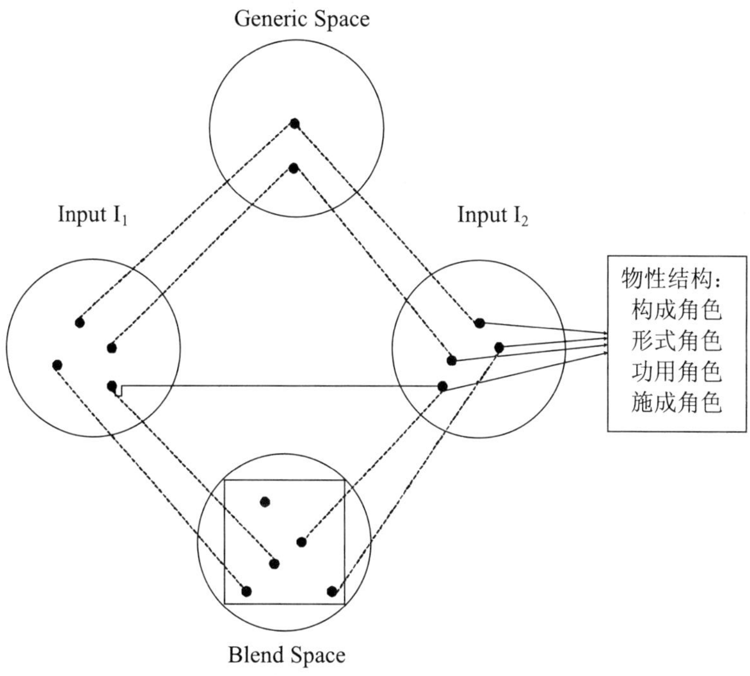

图 1　物性结构和概念整合理论的糅合网络（李强 2014：44）

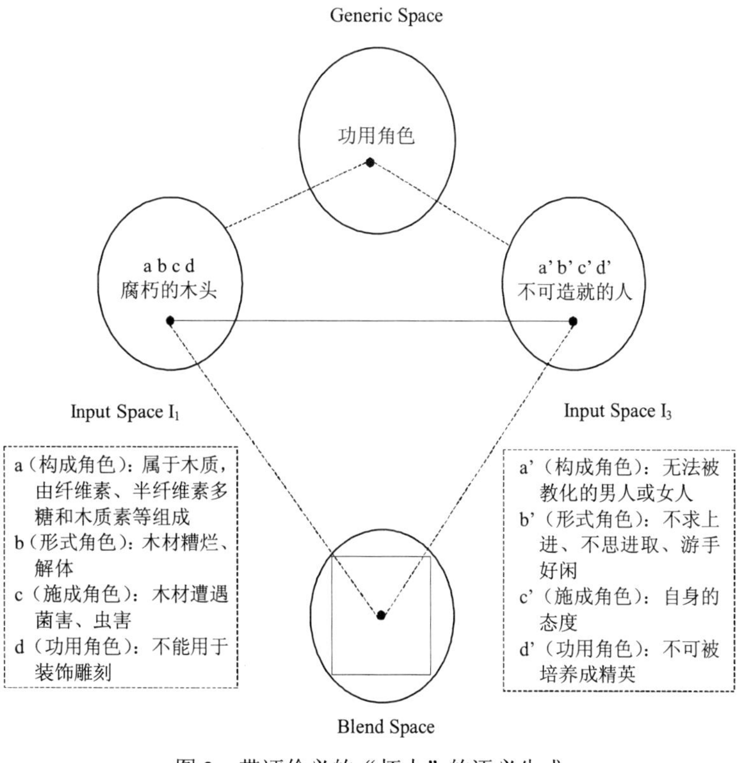

图 2　带评价义的“朽木”的语义生成

如图 2 所示，基于物性结构和概念整合的糅合模型，本文建立了“朽木”的字面义“腐朽的木头”与其隐喻义“不可造就的人”的两个心理空间。然后将两个输入心理空间中的物性角色一一映射。基于一一映射，“腐朽的木头”和“不可造就的人”两者相似的功用角色语义知识同时投射进入整合空间。在整合空间中，为突显“不可造就的人”的属性，“腐朽的木头”具有的功用角色：不能被雕刻使用会投射到“不可造就的人”的功用角色上，使读者能以具体的经验（朽木不能雕刻）来理解抽象概念（不可造就的人不能被培养），进而掌握“不可造就的人”的“不学无术、不求上进、不可救药”的属性。综上所述，“朽木”的字面义是其隐喻义的基础，在意义整合过程中，本义的物性结构作为人们更容易识别的经验被理解，起到凸显隐喻义作用，帮助人们建构和理解“朽木”的隐喻义。通过物性结构和概念整合的糅合模型，“朽木”的隐喻义建构过程以一种直观的方式展现出来，不仅反映人在理解、构建“朽木”隐喻义时的心理过程，也为“朽木”意义的理解提供一种强大的认知工具。

在理清带评价义的“朽木”的语义生成机制后，本文还尝试结合评价理论探究负荷概念语词“朽木”背后所揭示的说话人的态度方向（即褒贬态度）。评价系统是由 Martin 和 White（2005：35）首次提出。他们将评价系统细化为三个子系统：“介入”“态度”和“级差”。态度系统可次系统化为“情感”“判定”和“鉴赏”。判定系统指通过一系列有制度规定的规范对人类行为做出肯定和否定评价，包含社会许可（social sanction）判定和社会尊严（social esteem）判定。社会许可的判定牵涉文化显性或隐性编码的某些规定，具有赞扬和谴责两种趋势，与合法性和道德性相关。社会尊严的判定牵涉被评价人在社团中尊严的提高或降低，具有赞美和批评两种趋向，一般包括常规或习惯（normality）、能力（capacity）和韧性（tenacity）。“朽木”作负荷概念语词时，指称“不可造就的人”。指称关系表明“朽木”与“不可造就的人”在评价活动中具有同质性和同步性。结合常识可知“不可造就的人”是指能力和韧性不足的工作人员，在事业层面上，这种人难以合作或托付。根据 Martin 提出的社会尊严判定系统可知，能力和韧性不足会导致一个人受到批评，进而导致在社会团体中尊严降低。语言符号作为音义结合的双面体，长期被人们看作与其指称的对象的等同物。因此，对“不可造就的人”的批评态度被转移到语言符号上，使“不可造就的人”具有贬义评价义。由于“朽木”与“不可造就的人”之间的同质性和同步性，因此，作负荷概念语词的“朽木”也被认为具有贬义评价义。

4 结论

本文探讨了“朽木”的两种语义结构和其语义生成机制。“朽木”作为一类特殊的语词，本身不具有评价要素。从语义结构看，其既可以作为单一描述语词，又可以作为负荷概念语词。在实际语料中，若“朽木”取字面义，指称“腐朽的木头”，其被认为是单一描述语词；若其取隐喻义，指称“不可造就的人”，被认为是负荷概念语词，包含描述义（不可造就的人）和评价义（成为这种人要受到批评），其中“朽木”的本义是其隐喻义的基础，在意义整合空间中作为认知的起点，起凸显隐喻义的作用。除此之外，本文依托评价理论揭示了“朽木”的评价义的态度方向。“朽木”作为负荷概念语词时，指称

“不可造就的人”。根据常识和社会规范判定，可得出使用“朽木”实施评价活动隐含评价者对被评价者的批评，会导致被评价者的社会尊严和地位降低，因此，“朽木”被认为具有贬义评价义，传递了说话人的观点和价值取向。综上所述，相比于从修辞方面解释语词的评价义规律，本文辅以语料库定量检索，从认知语言学角度进行理论分析，探讨了“朽木”的语义结构及其评价义的生成及褒贬判定机制，丰富了现代汉语评价系统研究。

参 考 文 献

[1] Goldberg A E. , 1995. Constructions：A construction grammar approach to argument structure[M]. University of Chicago Press，50.

[2] Martin J R. &amp；PRR White, 2005. The language of evaluation：appraisal in English[J]：35.

[3] Pustejovsky J. , 1991. The generative lexicon[J]. *Computational linguistics*，17（4）：409-441.

[4] Vayrynen P P. , 2011. Thick concepts and variability[J]. *Philosophers' Imprint*. 11（1）：1-17.

[5] 李强. “基于物性结构和概念整合的名词隐喻现象分析”[J]. 语言教学与研究，2014（6）；44-53.

[6] 刘慧. “现代汉语评价系统研究述略”[J]. 汉语学习，2011（4）；81-88.

[7] 张辉. “形名组合的意义建构；概念整合和物性结构的杂合分析模式”[J]. 外国语，2008：38-49.

“母亲／妈妈”的语义范畴探究

电子科技大学外国语学院　刘小明

摘　要：周立波“道德绑架”事件说明，个人对“母亲”或“妈妈”等的指称对象、以及对她们的认知情感体验因不同的社会文化环境、家庭环境、生活经历等会呈现个体差异。本文基于对“母亲/妈妈”在语义和用法上的历时演变研究，探讨在“母亲/妈妈”语义范畴内各种义指对象存在的家族相似性，并运用典型范畴理论的“核心-边缘”图式，结合本次“道德绑架”事件来分析上述差异为何会在本人和“母亲/妈妈”称谓对象的心理上造成不同的认知情感反应。

关键词：道德绑架；母亲／妈妈；范畴；认知模式；“核心-边缘”成员

Study of the Semantic Categories of “Mother / Mom”

LIU Xiaoming
School of Foreign Languages，University of Electronic Science and Technology of China

Abstract：Zhou Libo’s “Moral Kidnapping” event indicates that individuals may cognitively and emotionally experience differently in such kinship addresses as “mother” or “mom” due to their different social and cultural environments，family environments，life experiences，and so on. This paper，based on the diachronic study of “mother/mom” in the evolution of semantics and usage，aims at exploring the family resemblances of the various semantic referents in the semantic categories of mother/mom，and analyzing the reasons why those differences have resulted in different cognitive and emotional responses of the address objects of “mother/mom” by applying the “Core-Periphery” pattern of the Prototype Category Theory in combination with Zhou’s “Moral Kidnapping” event.

Key words: moral kidnapping; mother/mom; category; cognitive model; “core-periphery” member

1　引言

在某卫视节目中，主持人因对被弃女子拒绝认亲一事进行指责，而被无数网友谴责为“道德绑架”。事件中的女子初生月余就被其亲生父母抛弃送养，虽然两家同住在一个镇，相隔仅几千米，但亲生父母从未来看望过女儿，养父母也不愿她认回双亲，直到她结婚生子，才得知自己的亲生父母实为他人。在节目现场，被弃女子说：“养大于生”“我认定的父母就是我的养父母”。不料，主持人当场指责她心胸狭隘，说她应该学会原谅。

分析各方对本事件不同的看法和态度，原因主要在于他们对“父母”“爸妈”所指对象的认知情感体验不同。人们有各自不同的生活经历，所处的社会文化环境和家庭环境有差异，因此看重和关注的方面不同，这就造成他们对“父母”或“爸妈”的情感体验和心理认同不一样，从而导致这样的认亲结果和节目反响。今天，像“父母”“爸妈”这样的称呼平常又简单，然而追溯其发展演变的历史却发现其意义复杂、用法繁多。本文仅就全世界最伟大的称呼“母亲/妈妈”称谓的含义和用法之演变，通过典型范畴理论和认知模式来解读“母亲/妈妈”在历史和当今社会的个人心理上所占据的情感地位。

2 “母亲/妈妈”的词源考证及历时用法

汉语的“母亲”作为亲属称谓语，其语义范畴主要涵盖“母”“娘”“妈”三个成员。“母亲”是书面称谓语，“妈妈”是“母亲”的俗称，出现在口语中。在人类语言发展史上，口语早于书面语，但根据文献和考古发现，“母”的使用早于“妈”，在甲骨文中就已经使用“母”了。《甲骨文大字典》（徐中舒，2014）对“隹女庚虫子安”的注解为：“甲文中女、母为一字，《说文》后分为女、母二字”。根据字源解说：“母，甲骨文，在‘女’，的胸部位置加两点指事符号，表示妇女因生育而发达的两乳。”《说文解字》（许慎撰，段玉裁注，许惟贤整理，2015）对“母”作如此解释：“母，牧也。从女，象裹子形。一曰象乳子也。”翻译成现代白话文就是：“母，像养牛一样哺育子女。字形采用‘女’作边旁，像怀抱孩子的样子。另一种说法认为，‘母’的字形像给孩子喂奶的样子。”《释名》（刘熙，2016）曰：“母，冒也，含生己也。”《黄帝内经·素问》（王冰，2011）注：“母，所以育养诸子，言滋生也。”以上的文献资料皆说明，“母”为生养抚育子女之妇女。

从造字上看，对“母”的俗称“妈”的解释为：“妈”是形声字，从女，马声。《康熙字典》（张玉书，陈廷敬，2006）“俗读若马，平声。称母曰妈”。这说明在古代，“母”出现于书面语，单音节词“妈”则用于口语。“母亲”和“妈妈”皆指生养、抚育孩子的女子。然而，“母亲”“妈妈”的含义在历史长河中几经变化，已经不仅仅指自己的生母，指称对象也发生了巨大改变。本文将借助文献史料了解它们的语义演变历程，进而探讨其现今的社会文化、心理认知意义。在华夏民族的语言中，“母亲”早于“妈妈”出现，因此本文的研究就从“母亲”开始。

“母”字有几个义项，其中最为重要的义项为“母亲”，广泛运用于先秦典籍中，大都以单音节的形式出现，例如：

（1）何谓六戚？父母兄弟妻子。（《吕氏春秋·论人》吕不韦编著，臧宪柱译注）

两汉时期，“母亲”称谓仍然是单音节词“母”最重要的构成部分。此称谓在汉末有新发展，出现“阿母”及“母亲”两种称谓：

（2）儿前抱我颈，问母欲何之。人言母当去，岂复有还时。（《悲愤诗》范晔，2015）

从上述两例可知，“母”皆指自己的“生母”。此外，还有八种不同身份的母亲，即嫡母、庶母、慈母、出母、嫁母、继母、养母、乳母，其意思分别指为嫡母：妾的子女称父之正妻为嫡母。

庶母：父亲的妾称为庶母。

慈母：妾所生之子，其母死后，其父令别的妾抚育，此妾就是此子的慈母。

出母：被父亲休弃的生母称为出母。

嫁母：亲母因父亲死后再嫁，称为嫁母。

继母：父亲的后妻称为继母。

乳母：父妾之中曾乳育己者称她为乳母。

养母：过继儿子称收养他的母亲为养母。

（3）留庆长子祐与嫡母耿姬居清河邸。（《后汉书·清河孝王庆传》范晔，2015）

（4）盖庶子慈母，尚有终身之恩，岂若嫡后事正义明哉！（同上）

除“养母”外，这八种身份各异的母亲都与本人的父亲有某种直接关系，是其正妻，后妻，或者妾，是父亲将她们联系在一起，她们对本人有生育、哺育或抚育之恩。

“娘”也有“母亲”之意，出现于魏晋南北朝时期，其使用存在久远，直至近、现代。但今天，表示“母亲”之意的“娘”这一称谓已经失去活力，现在也很少再被用到，所以，其历史使用情况在此处略去。

口语化、表示“母亲”之意的“妈”在《晋书》《北史》或口语性较强的《搜神记》中皆不见使用，但在三国时期的训诂学著作《广雅》中可见其身影。魏《广雅·释亲》（张揖，1936）：“妈，母也。”在南朝的《玉篇》（顾野王，1987）中亦可寻得“妈”字：“妈，莫补切，母也。”据此可推知，“妈”字在该时期的口语中占有一席之地。

唐宋时期，“妈”用例渐趋增多，其指称“母亲”这个义项出现的频率与“母”相比虽仍处于明显的弱势地位，然自唐以来，“妈”渐露头角，例如：

（5）慈福庆寿，寿皇新作一袍，刺绣甚华，慈福见之云：“哥哥寻常不曾着此衣服，今何故如此？”寿皇对云：“政为妈妈万寿献杯之故。”（《经鉏堂杂志》）

“母”多以单音节词的形式出现，但“妈”多以词根叠用的双音节形式活跃，这种用法也加强了它的口语化特征。

经统计，“母”“妈”在元明清时期十三部口语色彩较为明显的著作中的使用数量呈现竞争之势，而在指称“母亲”称谓上，“母”在频率上略占上风。在元明清时期的语料中，“母”“妈”在同一义位的使用上无甚差别，二者常在同一篇文章中使用。

（6）被他妈妈看见了，问幼谦道：“何处来此金钱？自幼不曾见你有的。”幼谦回母亲道：“娘面前不敢隐情，实是与孩儿同学堂读书的罗氏女近日所送。”（《初刻拍案惊奇》凌濛初，2010）

根据黄志婷（2013）对近代、现代、当代文学中几部具有代表性著作的调查，如《民国艳史》《骆驼祥子》《边城》《青春之歌》《白鹿原》《穆斯林的葬礼》，从“母”“妈”的使用频率上看出，二者共同存在，没有相互被取代，但俗语“妈”逐渐显现其优势。从她对1919—2002年，以近20年语料为主的现代汉语语料库材料进行分析，“母”出现3764次，“娘”出现837次，“妈”出现2931次，但“母亲”作为通用称谓，各方言资料中大多没有记述这一称谓。

口语化的“妈妈”虽然比书面语的“母亲”出现得更晚，但它自使用以来，呈现越来越有活力的趋势，而且其用法甚多，使用频率不断增高，在中国古代许多著名的文献资料中都能一睹其身影。《汉语大词典》（汉语大词典编纂处，2011）收录了它的诸多义项。

2.1 指母亲，与“妈”同义

（7）王问其姓氏，答曰：“我是城中程虔婆家女，小名喜真，被妈妈严切，每日定要钱五千。如不及数，必遭箠打。”（《夷坚志·鬼太保》）

2.2 指丈夫的母亲，即婆婆

（8）不知那个是妈妈？不知那个是公公？诸亲九眷闹丛丛，姑娘小叔乱烘烘。（《清乎山话本·快嘴李翠莲记》）

2.3 指养母。（例句略）

2.4 称呼妻子，且是年长的妻子，即老伴

（9）那妈妈子听见叫他小名，慌得跪倒磕头道：“好老儿啊！这等大年纪还叫我的小名儿!”（《西游记》第九十七回）

2.5 泛称老妇人

（10）凤姐睁眼一看，不觉一阵伤心，说：“妈妈，你好？怎么这时候才来？你瞧你外孙女儿也长的这么大了。”（《红楼梦》第一一三回）

2.6 婢女对女主人的称呼

（11）迎儿（丫环）道；“告妈妈，迎儿也听得说来，那里讨这话？”（《警世通言》卷十三）

2.7 指乳母或奶妈

（12）李嬷嬷上来道：“姨太太，酒倒罢了。”宝玉笑央道：“好妈妈，我只喝一钟。”（《红楼梦》第八回）

2.8 指称老鸨，鸨母

（13）（杜）十娘道：“妾已与妈妈议定只要三百金，但须十日内措办。郎君游资虽罄，然都中岂无亲友可以借贷？”（《警世通言》卷三十二）

在中国的一夫多妻制家庭中，庶出子女也称父亲正妻为“大妈”“大娘”；子女会把庶母称为“小妈”“X 妈”（X 为在妻妾中的排行）等。

中华人民共和国《婚姻法》实行一夫一妻制，提倡人人平等；旧时期的妓院消失，但是，中华传统文化的尊老思想和婚姻家庭生活在人们日常生活中依然占据很重要的地位，因此，“妈妈”的旧式用法，如 2.6～2.8 已经消亡，而符合中国传统文化思想的其他几项 2.1～2.5 仍然存在。分析这几个新旧义项发现，虽然“妈妈”范畴中的成员其指称对象不同，但其内在含义却纵横交错、有着千丝万缕的联系，概而言之，它们之间存在“家族相似性”，具有语义范畴的“核心-边缘”图式特点，或 George Lakoff 的“理想认知模式”特征。

3 典型范畴理论

范畴和范畴化理论一直受到哲学家和语言学家的关注。范畴化是把不同的事物归为同一个类型的过程，或将不同事物看作同一类事物的过程。范畴化是人类认识世界的一种高级认知活动，是人脑利用符号系统将混杂的世界转化为有序信息的过程，是人类对事物进行分类的心智过程，也是构建范畴的基础（Ungere & Schmid，1996）。西方存在两种范畴理论：经典和典型。以亚里士多德逻辑学为基础的经典范畴理论认为，范畴是一组拥有共同特征的元素组成的集合，即范畴是通过一组共同特征而建构起来的，它具有这几项具体特征：范畴是二分的，范畴的边界是清晰的，一个范畴的全部成员具有相同特征，所有范畴成员地位相等、无核心和边缘之分。

但范畴的二分性特点如何解释两栖动物和不同人种间通婚生出的许多混血人种孩子非白非黑的皮肤？范畴边界的清晰性无法解释某些植物的功能兼具食用和药物价值，被同时当成蔬菜和水果食用的西红柿，以及服饰类的苏格兰男子穿的裙子和女士的泳装比基尼。偏远山区常用摩托车、城里有钱人开的小轿车和大多数年轻人通常选择乘坐的地铁或公交车，在“交通工具”这一范畴中，其特征相同、地位相等吗？因此，历经 2000 多年的经典范畴理论受到实用主义哲学家维特根斯坦的质疑和挑战。维特根斯坦通过对德语“Spiel”（游戏）一词的研究发现，建立“游戏”这一范畴的基础不是所有成员都共享的充分必要条件，不是它们的共性，而是成员之间的相似性。Spiel 语义范畴中的成员，个体间都存在相似之处，而这一相似之处并不一定为其他成员所共有。他把这种相似关系网称为“家族相似性”。

人类学家 Berlin & Kay（1969）通过对 98 种语言调查，发现焦点色的存在。人们以这些颜色作为认知参照点，对颜色进行切分和范畴化。受“焦点色”和“家族相似性”的启发，20 世纪 70 年代认知心理学家 Rosch（1973）对焦点色进行探索研究，发现不仅颜色范畴中有原型，其他物体中也有，如 bird（鸟）。Rosch 认为原型就是一个范畴中最典型的、最具代表性的成员。范畴就是围绕原型这个认知参照点建构，其边界依成员不同的典型性程度向外扩展，形成边界难以确定的更大的范畴（Taylor，1989）。近年来，范畴边界的模糊性受到某些范畴理论研究者的抨击，但笔者以为，事物在发展，没有任何的东西会一直保持不变。范畴边界的模糊性是符合事物发展的特征。随着事物不断的发展变化，某一范畴中的成员被更加边缘化或脱离本范畴，一些新成员也可能会加入这个老范畴中；范畴范围可能因此缩小或壮大，例如下面将会讲到的“母亲/妈妈”范畴。

Rosch 还以大量实验结果为依据证明传统语义观的局限，她认为词的定义是不能完全用一组语义特征来说明的，词或概念是以典型即最佳实例的形式储存在人的大脑。大多数自然范畴不可能制定出必要和充分的标准，一个范畴的成员之间的地位并不相同。但典型范畴成员会因不同的语言、地域、文化、生活而有所变化。例如各国的国花不同，英国是狗蔷薇，法国是鸢尾，荷兰是郁金香，比利时是虞美人。在各自不同的语言文化中，不同的国花就成了各国“花”范畴的典型成员。由此可见，范畴的典型成员也存在地域和文化、历时和共时的不确定性。

4 “母亲/妈妈的典型范畴论认知理解

在古代“母亲”的九种用法中，只有“养母”与“父亲”在性和家庭关系上没有直接联系，其他八种身份的“母亲”是“父亲”的正妻、妾或者后妻，都与“父亲”组建同一个家庭，共同对这个家庭尽责，如生、养、育子女，照顾家庭等等，这些都是“母亲”这一范畴成员间的“家族相似性”。然而，她们的典型性又呈现出程度上的不同：“嫡母”是“父亲”的正妻，明媒正娶，是一家的女主人，与“父亲”是真正意义上的“夫妻”关系，她的家庭和社会地位最高，所以在家庭“母亲”成员中，她是典型成员；继母也是父亲的妻子，但因为她没有生养本人，与本人不存在生养关系，而且是“父亲”的继妻，所以她的典型性次之。“庶母”和“慈母”是“父亲”的“妾”，她们在家庭和社会地位方面不能与“妻”相提并论，她们属于“母亲”身份的边缘成员。但因为她们不同的家庭出身、容貌、性格、处世、做事能力等，边缘化程度存在差异，不尽相同。“嫁母”和“出母”，两者都脱离了以前的夫家，但后者是被父亲休弃，所以比前者更边缘化。根据她们的家庭和社会地位的不同，在“母亲”范畴内，她们的“核心-边缘”关系可以如此排列：嫡母-后母-（庶母/慈母）-乳母-嫁母-出母-养母；第一项是典型成员，越靠后，被边缘化的程度越高。

但是，范畴成员的“核心-边缘”关系会因多种因素的影响而发生变化。George Lakoff（1994）认为：“‘母亲’的概念是根据一种复杂的模式形成的，在这种复杂的模式中，许多个体认知模式结合起来构成了一个群集模式。”这个群集中的模式包括以下几种模式。

生育模式：生育过的人是“母亲”。

婚姻模式：父亲的妻子是“母亲”。

养育模式：养育了一个孩子的成年女性是“母亲”。

家系模式：最亲密的女性长辈是“母亲”。

遗传模式：贡献遗传物质的女性是“母亲”。

依据这些认知模式，可以把“母亲”称谓的语义特征分别标记为：[±生育]、[±婚姻]、[±养育]、[±亲密]、[±遗传]。对于可以称呼为“母亲”的人，最典型的就是她生育了本人，还是父亲的妻子，养育了本人，与自己最亲密，还可遗传物质给本人。但“母亲”类称谓几乎没有一个属性是所有成员所共有。依据不同的认知模式，这些身份不同的“母亲”称谓对象在这个范畴中会呈现出不同的“核心-边缘”关系，而且边缘化程度也会因为参照的不同认知模式而呈现出大大小小的差异。比如，如果基于生育模式，本人与被称呼者的血缘关系为重，那么“嫁母”和“出母”就变成了核心成员。

当家系模式是界定“核心-边缘”范畴成员的标准时，从本人与被称呼者的感情深厚来讲，“母亲”身份的称呼对象在典型性方面可能会这样改变：慈母-养母-乳母-嫁母-出母-（嫡母/庶母/继母）。因此，在界定某一范畴的“核心-边缘”成员关系时，因考量的因素不同，如道义、责任、情感、政治、经济、法律、家庭等，不同的人会把不同的成员视为范畴中的典型或核心，即最重要的成员。

在世界各语言中，小孩子的第一个声音是“妈”，英语语根是 ma，mam，mum，mom 等，都是单音节，再稍大一点是叫“妈妈”。美国语言学家罗曼·雅可布逊（1978）研究发现，世界各民族的小孩称母亲大多是 ma。而且，英语的 mama、德语的 mamma、法语的 mama 这些称呼母亲的词语，还指乳房。汉语“母亲”的俗称“妈”“妈妈”也指乳房、乳汁。乳房是成熟女性显著的第二性征。“妈妈”指成年妇人，以此来指代乳房是有联系的。“妈妈”语根产生以后，它至少包含三个意义：妈妈这个人；妈妈的乳房；妈妈的乳汁。

那么，在“妈妈”的语义范畴中，“母亲”这个义项就是中心范畴成员，即典型成员，“乳房”和“乳汁”是语义范畴的非典型成员，即边缘成员。在“妈妈”的各义项所指中，“生母”是典型成员，因为她生养子女、用自己的乳汁喂养孩子、用母爱抚育孩子；其他所指为非典型成员，但她们之间又有一些共同特征，即家族相似性，即上面提到的对本人的生、养、育之恩情。如丈夫的母亲—婆婆，当媳妇嫁进丈夫家门起，她就属于夫家人，做夫家事，吃夫家饭，住夫家屋，与丈夫的家人生活在一起，她要把婆婆当成亲生母亲来侍奉、尊敬、照顾；婆婆也会像亲生母亲一样对待媳妇。还有乳母用自己的乳汁哺育孩子，当孩子小的时候还兼要照顾他/她，因而，乳母也分担了孩子生母应该履行的一部分责任，她也是“父亲”的妾。这三个成员从喂养、抚育、照顾、情感、职责等意义上讲，更接近“母亲”的语义，所以，在非典型成员中，她们更靠近中心成员；另外几个成员，如仆人称呼的女主人，一般的老年妇女属于更边缘化的范畴成员。

在女子嫁入夫家后的婚姻生活中，她照顾丈夫和子女，侍奉公婆，“婆婆”在“妈妈”语义范畴中就取代了她的“生母”成为核心成员，她的亲生母亲就在她的生活中被边缘化。

再回到前面提到的“道德绑架”事件来分析当事三方对认亲一事所持不同态度的认知基础。对认亲一事，其实就只存在两种态度：认和不认。女儿拒绝，生父母想认回，养父母不愿意。那么，他们各自的出发点是什么？他们持有的态度有什么根据？

该女子在一月有余时被其亲生父母抛弃，给现在的养父母收养。法律上，收养行为一旦发生法律效力，便产生两个方面的法律效果：一是在收养人和被收养人之间产生法定的父母子女关系，二是对被收养人及其生父母之间的父母子女关系以及基于此的其他亲属关系同时消灭。所以，基于法律的认知模式，该女子拒认亲，她的养父母不愿她认回生父母是完全合法的；在她的“父母”范畴中，养父母是“父母”范畴的中心成员。从家系认知模式上看，在家庭权利、责任、感情、道义上讲，孩子还在襁褓中就离开了生父母，从此开始了与养父母一家多年的共同生活，产生了感情和亲情，她的生父母放弃的不仅是责任与义务，而且是亲情与感情，这些都随着孩子的被收养而转移到养父母身上，所以，从这个意义上讲，孩子认为“养大于生”“我认定的父母就是我的养父母”，拒绝认回生父母，或将他们在她的生活和情感中边缘化，这也无可厚非。当事的另外两方—生父母和养父母，他们在看待认亲这件事情上的态度是分别建立在生育认知模式和养育认知模式之上，其各自看重的是他们对该女子的生育之恩和养育之恩，所以在他们的亲情和感情网中，分别是将生父母和养父母放在“父母”范畴的核心地位，这也可以理解他们对该女子认亲所持的截然不同的态度了。

5 结语

某报曾刊登了一篇名为《养母、继母、婆婆都是母亲》的文章，写的是某县一名普通的农村妇女，她两岁丧母，却待养母、继母和婆婆如亲生母亲一般细心贴心，成为乡邻众口称赞的楷模。她这样认识自己的行为：“她们虽然都不是我的亲生母亲，但一个是养育我长大的养母，一个是陪伴我父亲多年的继母，一个是生育我丈夫的母亲，都是我的母亲，我有义务善待她们。”在该妇女的“母亲”范畴中，在她衡量哪个“母亲”重要、是否应该照顾好她时，是将她们对自己的养育之情、陪伴父亲之情、对丈夫的生育之情平等地纳入她的责任和感情认知中，视她们与生母同等重要，所以这三种“母亲”都是她认知范畴中的典型成员，得到她的善待。在我们的“母亲/妈妈”范畴内，可能也会因为生活的变化而迎接新成员的加入，比如“地震妈妈”“孤儿妈妈”“爱心妈妈”等，连派出所也有给被遗弃宝宝喂奶粉的临时男性“妈妈”。我们正处于时代剧变的 21 世纪，生活方式因各种高速发展的技术进步和革新而日渐起着翻天覆地的变化，但深受中国传统文化影响的我们，不管身处何方，心依然被一根最重要的线牵引着，寻找它的栖息之所，这根线就是“母亲/妈妈”范畴辐射开来的生育之情、养育之情、关爱之情。

参 考 文 献

[1] 范晔. 后汉书[M]. 北京：中信出版社，2015.

[2] 顾野王. 大广益会玉篇[M]. 北京：中华书局，1987.

[3] 汉语大词典编纂处. 汉语大词典[M]. 上海：上海辞书出版社，2011.

[4] 黄志婷. 常用词“母”、“娘”、“妈”历时关系研究[J]. 汉字文化，2013（3）49-55.

[5] 凌濛初. 初刻拍案惊奇[M]. 北京：中华书局，2010.

[6] 刘熙（汉）. 释名[M]. 北京：中华书局，2016.

[7] 吕不韦. 吕氏春秋[M]. 臧宪柱，译注. 北京：北京联合出版公司，2015.

[8] 罗曼·雅可布逊. 为什么叫“妈妈”、“爸爸”[J]. 北京：语言学动态，1978（4）.

[9] 王冰（唐）. 重广补注黄帝内经素问[M]. 北京：科技文献出版社，2011.

[10] 许慎撰，段玉裁注，许惟贤整理. 说文解字[M]. 南京：凤凰出版社，2015.

[11] 徐中舒. 甲骨文大字典[M]. 成都：四川辞书出版社，2014.

[12] 张揖. 丛书集成初编：广雅[M]. 北京：商务印书馆，1936.

[13] 张玉书，陈廷敬等. 康熙字典[M]. 北京：北京燕山出版社，2006.

[14] Berlin B.，Kay P.，1969. Basic Color Terms：Their University and Evolution [M]. Berkeley：University of California Press.

[15] Jakobson R.；Fant，Gunnar；Halle，Morris，1952. Preliminaries to Speech Analysis：the Distinctive Features and their Correlates. Cambridge，Ma.：MIT Press.

[16] Lakoff G.，1987. “Women，Fire and Dangerous Things：What Categories Reveal About the Mind” [M]. Chicago：The University of Chicago Press.

[17] Rosch E.，1973. On the Internal Structure of Perceptual and Semantic Categories [A]. In Moore T.（ed.）Cognitive Development and the Acquisition of Language [C]. New York：Academic Press.

[18] Taylor J.，1989. Linguistic Categorization [M]. Oxford：Oxford University Press.

[19] Ungerer F.，Schimid H. J.，1996. An Introduction to Cognitive Linguistics [M]. London：Longman.

社会认知语用学视角下的少数民族大学生跨文化交际中英语语用失误研究
——以彝族大学生为例

华南理工大学外国语学院　罗　晨
西南民族大学外国语学院　许　婷

摘　要：本研究以调查问卷的形式，采用定量与定性分析方法探究西南民族大学彝学院彝英双语班 101 位彝族大学生跨文化交际中英语语用失误现象。本文发现英语语用失误现象普遍存在彝族大学生群体中，且该群体的语用能力不随语言水平的增长而提高。为了进一步探究语用失误背后的原因，本研究尝试用社会认知语用学基本原理分析两类语用失误，即语用语言失误和社交语用失误的形成机制，以期对少数民族英语教学有所启示。

关键词：社会认知语用学；语用失误；彝族大学生；跨文化交际

Research on Minority Group Students' English Pragmatic Failures in Cross-cultural Communication from Socio-cognitive Approach
——A Case Study of Yi College Students

LUO chen，XU ting
School of Foreign Languages，South China University of Technology
School of Foreign Languages，South West Minzu University

Abstract: This study using methods of quantitative and qualitative analysis in the form of questionnaires，investigates English pragmatic failures in cross-cultural communication of 101 students who belong to Yi ethnic group and study in the bilingual class of the Southwest Minzu University. This paper finds that English pragmatic failures are common in those college students，and their pragmatic competence does not increase with the development of language proficiency. In order to further explore the reasons behind their pragmatic failures，this study attempts to analyze the formation mechanism of these two types of pragmatic failurespragmalinguistics and sociopragmation-from the perspective of socio-cognitive approach to pragmatics， so as to make implications for ethnic minorities’ English-teaching.

Key words: Socio-cognitive approach to pragmatics; pragmatic failure; Yi college students; Intercultural communication

1 引言

党的十八大号召中国“文化走出去”“一带一路”的国家倡议旨在要实现与世界各国的互联互通。外语作为一种交际工具，在现代社会跨文化交际中发挥着不可替代的作用。语用失误作为跨文化交际中的常见现象，普遍存在于各种语言文化背景下的言语交际活动中，并且常常引起交际双方的误解。由于社会文化、母语背景等差异，少数民族大学生在跨文化交际中可能会出现英语语用失误现象。因此，本研究将从社会认知语用学视角出发，探究少数民族大学生在跨文化交际中英语语用失误现象，并分析其背后的原因，以期对少数民族英语教学有所启示。

2 社会认知语用学

社会认知语用学（Socio-cognitive approach to pragmatics，简称 SCA）是由美国语用学家 Istvan Kecskes 2010 年提出。自 2008 年起，Kecskes 在多篇论著中对社会认知语用学相关概念进行了阐述与论证：社会认知语用学指在认知语用学的基础上考量社会因素，交际是个体（认知）因素和社会因素相互作用的结果（Kecskes，2010，2014）。在社会认知语用学中，认知因素包括前经验（语境 prior experience or context）、突显度（salience）、自我中心（egocentrism）和注意力（attention），自我中心以注意力为导向、用突显性来论述；社会因素包括实际情景经验（actual situational context 语境）、关联性（relevance）、合作（cooperation）和意向（intention），合作以意向性为导向、用关联性来论述。认知因素和社会因素在交际过程中是相互影响、相互作用、不可分割的，故而在运用社会认知语用学分析时，要整合这两大因素。突显是认知语言学的关键概念，来自认知心理学对“图形”（figure）和“背景”（ground）的分析。图形是指某一认知概念或感知中突出的部分，即注意的焦点（focus）；背景则是为突出图形而起衬托作用的部分。根据社会认知语用学，说者与听者在前经验和实际情景经验上存在同一性和差异性。基于这二者的同一性和差异性，说者与听者在关联性、合作和意向等层面会出现相应的同一性和差异性。

3 语用失误研究现状

语用失误一词是英国语言学家 Jenny Thomas 于 1983 年提出，将其定义为“不能理解话语的含义”，并将语用失误分为语用语言失误和社交语用失误。何自然（2002）认为：以英语为例，语用语言失误指的是所使用的话语不符合英语本族人的语言习惯，误用了英语的其他表达方式或者不懂得英语的正确表达方式，而按母语的语言习惯去生成话语；社交语用失误通常指跨文化交际中由于听话者和说话者社会文化背景的差异而导致语言形式选择上的失误。它与谈话双方的身份、语域、话题熟悉程度等有关。

在我国，对语用失误的研究始于何自然和钱冠连等人，他们从 1984 年起开始采用 Thomas 的观点对语用失误进行调查研究。何自然（1997：205-206）认为："语用失误不是指一般遣词造句中出现的语言运用错误（performance errors），而是说话不合时宜的失误，或者说话方式不妥、表达不合习惯等导致交际不能取得预期效果的失误。"钱冠连（2005：195）认为："说话人在言语交际中使用了符号关系正确的句子，但不自觉地违反了人际规范、社会规范，或者不合时间空间，不看对象，这样的错误就叫语用失误。"何自然和阎庄在合写的《中国学生在英语交际中的语用失误》中列出汉英语用差异调查，并根据其测试结果对中国学生的英语语用失误作了初步分析。总体来说，何自然、阎庄、黄次栋（1984）、胡文仲（1990）、洪岗（1991）、钱冠连、陈夏芳（1997）、李悦娥、范宏雅（1998）、戴炜栋、张红玲（2000）、张巨文（2000）、宋悦兰（2001）、魏本力（2002）、陈宗伦（2002）等人对语用失误研究包括语用失误的定义、分类、原因，减少语用失误的措施以及语用能力和语言能力之间的关系，分别从理论和实例两个方面入手，主要对象是中国英语学习者尤以汉族为主。

中国 55 个少数民族中许多都有自己独特的语言和文字，而且有些民族语言的使用频率并不亚于汉语。汉语、英语和本族语三者并存使得对少数民族大学生的语用失误研究复杂而艰难。首先，目前研究多涉足少数民族大学生使用汉语时的语用失误，如王克在 1994 年研究了壮族人的语用失误，孙咏莉在 2004 年研究过哈萨克人的语用失误，古丽米拉·阿布来提在 2010 年研究过维吾尔族的语用失误，范颖睿在 2014 年研究了蒙古族大学生的语用失误情况。但是对于少数民族大学生使用英语时的语用失误研究较少，贾芝（2002）曾试析过少数民族大学生在使用英语时的语用失误；廖海南（2014）年研究过藏族大学生英语口语交际中的语用失误，但缺乏理论框架和足够的实例支撑。

其次，目前语用失误的研究还多停留在现象分析，缺乏足够的理论框架来解析语用失误现象及成因。而近年来，语用学研究的趋势是结合语用学与认知科学，从认知与社会相结合的角度研究语用学。Dijk（2008）、Kecskes（2010）、陈新仁（2011）、王寅（2012，2013）、周红辉、冉永平（2012）、姚振军（2013）、唐耀彩（2014）、姜望琪（2015）等学者纷纷紧跟这一新趋势，展开大量认知与社会角度结合的语用研究，提出了包括社会认知分析法、社会认知语用视角、新认知语用学等观点。王寅提出语言使用具有认知性和社会性，言语行为是认知和社会因素共同作用的结果（2013）。Kecskes 提出的 SCA 提供了颇为系统的理论框架（2010）。本文尝试从 SCA 视角出发研究少数民族大学生使用英语时出现的语用失误现象，分析其语用失误背后的生成机制。

4 研究设计

本研究通过调查问卷的形式考察少数民族大学生在跨文化交际中英语语用失误现象及特点，采用定性分析与定量分析结合的方法探究少数民族英语学习者在跨文化交际中英语语用失误的深层原由。

4.1 研究问题

彝族大学生在跨文化交际中是否存在英语语用失误？有何表现？造成受试者英语语用失误的原因有哪些？

4.2 研究对象

本研究的调查对象为西南民族大学彝学院彝英双语班大一到大四的学生共 101 人，其中大一 47 人，大二 24 人，大三 15 人，大四 15 人。由于西南地区为彝族的主要聚集地，同时西南民族大学每年招收大量彝族学生，因此该群体作为研究对象具有较强的代表性。彝英双语班是西南民族大学一特色专业，近年来的招生分数无太大差异，学生的初始语言水平大致相同。该专业所招收的学生全部为会说彝语的彝族学生，但由于学生来自不同地区，他们中有的第一语言为彝语，有的第一语言为汉语。在大学里，他们不仅要学习彝族语言和文化，还要学习英语专业知识，在大四时需要参加英语专业八级考试。所以彝英双语班的大学生英语水平整体上要高于其他专业的彝族大学生，研究该群体的英语语用失误具有较强的参考意义。

4.3 调查问卷设计

本研究以何自然《中国学生在英语交际中的语用失误-汉英语用差异调查》（1986）中附录一调查问卷为基础。其调查对象为 79 名英语青年教师，大多为汉族人。测试内容包括 20 道多重选择题，每题开头是一段简单的情境描写，注明谈话的背景（谈话双方的社会关系、地点、环境等），涉及的是一些常见的语用现象，大体包括两个方面的内容：其中有 14 道题关于语言本身的语用问题（Pragmalinguistics），6 道题关于社交语用问题（Sociopragmation）。在测试中，这两种现象混合编排。由于本研究调查对发生改变，所以对以上调查问卷稍作修改，并且根据彝、英、汉三语的差异设计了十道题目。本研究的调查问卷共 30 道题，其中考察语用语言的题目 10 道，考察社交语用的题目 20 道，并将多选题与单选题分开放置，其中单选题 20 道，多选题 10 道，分值为 100 分。在问卷最开始加上个人信息情况调查（包括年龄、第一语言、英语水平、彝语使用频率等）。经过小范围实测发现，学生对于题干的理解会干扰他们的选择，故将每题开头的简单情境描写换成中文，以免造成干扰。

4.4 语料收集及数据统计

本研究共发放 120 份问卷，收回问卷 112 份，其中有效问卷为 101 份。将调查问卷批改计分后，数据统计如表 1 所示。

表 1 彝族大学生英语语用失误调查问卷评分统计表

	人数	平均数	标准差	中位数	众数	全距
大一	47	52.6	10.2	53	53	50
大二	24	52.3	6.5	51.5	50	25
大三	15	52.8	12.9	52	55	45
大四	15	52.1	12.7	55	50	48

从以上数据可以看出：第一，受试者整体成绩偏低，且各年级中最高分与最低分相差较大。第二，各年级的平均分相差不明显，尤其表现在大一年级和大四年级的平均分

上，这表明语用失误现象在少数民族大学生英语学习中普遍存在。第三，通过统计各个年级大学英语四级考试过级人数发现过级率随着年级增长而递增，其中大四过级率最高为80%，大三为66.7%，大二为58.3%（大一还未参加大学英语四级考试），以上数据大致表明学生英语水平随着年级的增长而提高。反观其英语语用失误调查问卷测评结果发现：学生的英语语用水平不会随着英语水平的增长而提高，反而呈现出相对固定的特点。

5　少数民族大学生在跨文化交际中语用失误分析

Jenny Thomas（1983）将语用失误分为语用语言失误和社交语用失误。通过对调查问卷的全面比较与分析，两类题中均存在错误率较高的题目，且比例大致相同。本部分将运用社会认知语用学的基本原理从语用语言失误和社交语用失误两个层面探讨少数民族大学生在跨文化交际中语用失误的形成机制。

5.1　语用语言失误分析

调查问卷内10题属于语用语言范畴。10题中每题选择干扰项的人数都在20以上，其中仅有2题正确率大于60%，在其余8道正确率小于60%的题目中，有6题错误人数在60人以上。这说明彝族大学生英语语用语言失误现象较为明显。深究其原因，主要是由于突显的图形与背景以及凸显的关系不同造成。错误人数在30～40的2道题中，都是单选题，主要原因是由于突显的图像与背景不同，前语境与实际情景语境存在明显差异。而在错误人数为60以上的4道单选和2道多选题中，学生选择干扰项的原因更是以突显因素为主，且此时不仅突显的图像与背景差异较大，突显的关系也有较大差异。由此可推断，突显因素会造成不同程度上的语用语言失误，并且该因素是彝族大学生在跨文化交际中出现英语语用失误的一重要原因。

如调查问卷中第四题：放学后，中国学生小张想要拜访他的同学。小张对同学说道：

A. Can I go to your house tomorrow?

B. Can I come to your house tomorrow?

此题正确答案为A。此次问卷调查中，101个人中有48个人选择B。下面主要从社会认知语用学的突显观点来分析。按赵艳芳2001年从传统语法上分析句子结构的观点，“主语为图形，宾语为背景，动词表示二者之间的关系。”说者动词使用不同，突显的图形与背景关系就不同，突显的内容也不同。两个选项中由于主语和宾语一样，所以看似图形和背景也一样。但仔细分析下来，由于动词的不同，导致相同主宾后面所突显的图形和背景关系出现差异。选项A中，动词 “go to”突显的图形是主语“I”，表明主语实际情景语境所在位置不是宾语所在位置（即主语参照点不是动词指向的目的地），突显的关系是从实际情景语境所在位置到宾语所指目的地的位移关系。选项 B 中，动词“come to”突显的图形是宾语，表明宾语所在位置就是主语“I”的实际情景语境所在位置（即主语参照点是动词指向的目的地）；虽然突显的关系仍是从实际情景语境所在位置到宾语所指目的地的位移关系，但是题干中的实际情景语境位置不是宾语所在位置，与此选项中的主语假设的实际情景语境位置不符，所以此题答案不是选项 B。在彝语和汉语中，趋向动词“来”和“去”在演变过程中，语义逐渐虚化，功能也逐步趋近。“来”

和“去”动作的参照点是“说话人心理空间所在的位置”，包括实际所在位置、观察视点位置、心理想象位置（沈琳，2010）。不论选用“来”还是选用“去”都突显以说话人心理空间所在位置为参照点，离开说话人心理空间所在地去往宾语所指目的地。A 选项参照点为实际所在位置，而 B 选项参照点是心理想象位置；两个参照点虽然不同，且 B 选项与实际情景语境有所不同，但是在汉语和彝语中，这两个都是正确的。由此可见，汉语和彝语的语言会影响彝族大学生英语学习者的语用，以第七题做补充说明。

如调查问卷第七题：你和朋友出去逛街时，看到一条小狗；你觉得很可爱，你朋友说：The dog isn’t cute，is it? 你怎么回答才表达出你心里的想法？

A. Yes，it is

B. No，it isn’t

此题属于语用语言范畴，正确答案为 A。此次问卷调查中，101 个人中有 60 个人此题选择 B。英语和汉语都有反义疑问句，而彝语中没有反义疑问句。彝族本族语者没有反义疑问句的认知，故而易在英语语用中出现失误。但已有研究发现在回答英语否定式反义疑问句时，以汉语为母语的大学生和彝语为母语的大学生都会在语用上出现失误。汉语族语者出现失误的原因在于回答时的突显图像不同：实际情景语境是要肯定狗可爱，汉语突显的是逗号后面的内容（如此题：后肯前否），英语突显的是括号前面的内容（前肯后肯）。总体上看，对于此次的研究对象——彝族大学生来说，前经验是：第一语言是彝语，日常使用语言是彝语或汉语，这使得彝族大学生英语学习者在反义疑问句语用失误较严重。

5.2 社交语用失误分析

本研究所采用的调查问卷中有 20 道题涉及社交语用范畴，这些题目分别涉及提供帮助、回应致谢、问候、回应赞美、回应请求与邀请、理解言外之意等方面。通过对每道题的正确率以及各个错误选项的干扰率统计发现:20 道题中有 7 道题的正确率大于 60%，其余 13 道题只有少部分学生答对，大部分题目中干扰项的选择率远大于正确选项，这表明学生在跨文化交际中常出现社交语用失误现象，受其母语文化的影响较大。通过深入探究这些语用失误背后的原因发现，由于文化背景与心理意象的差异，不同民族对于同一事件表征的认知过程和认知结构存在差异，在跨文化交际中常常将母语中的前经验，如该民族特有的礼貌原则等直接生搬硬套，从而很大程度上导致跨文化社交语用失误。

如调查问卷第 8 题：对一位死者家属表达同情时，你会说什么？

A. I am sorry to hear about your Grandma.

B. People will die one day，that’s natural and hard to change. Just accept it.

此题错误率较高，101 位彝族大学生中有 42 人选择了干扰选项 B。从这道题来看，受试者在表达对死者家属的“同情”时，意向性的差异使得对这一事件的心智表征不同，因而表现出与本族语者不同的心理状态。这也与说话者理解客观事物的过程中选取的视角不同有关。究其根本，彝族有着自己独有的信仰，重葬仪与崇尚祭祖，同时又受到佛教、道教等影响，对于死亡有着自己独特的认知。他们认为死亡是一种自然现象，人的灵魂死后虽脱离了躯体，但仍然可以独立存在。而英语本族语者在表达死亡这一客观事件时，所选取的视角是站在说者本身的角度，直接表达自己的心理状态。视角的不同反应了认知的差异。所以在表达对死者家属的同情时，较多彝族大学生的心智指向前经验中对于生死的认知，从而在交际中的表达方式与英语本族语者不同。这在跨文化交际中会造成听话者情感上的不悦甚至误解，导致社交语用失误。

如调查问卷第 2 题：在街上 Mr. Brown 想抽烟，但是没有打火机。他向一陌生人问道：

A. Got a match，mate?

B. Would you be so kind as to give me a match?

此题错误率非常高。正确答案为 A，有 62 人选择 B 选项。利奇（1983）曾说：语用原则基本上是共有的，但它们的相对重要性却由于文化的不同而相异。比如有些东方国家比西方国家更加注重谦虚礼貌的原则。由于彝语和汉语都发轫于华夏土地，具有很多相似甚至相同的语用原则。根据社会认知语用学，“合作性”是以意向性为导向的，可用关联论来论述（王寅 2013）。究其原因，这些彝族学生在向陌生人表达请求时，其心智空间中首先认识到的是与陌生人之间的距离感，基于先前经验知识，意向性指引着他们突显彝语和汉语中的礼貌原则，确保听话者能够识别他们话语中的意向性。在彝族和汉族的交际中，礼貌原则中的得体原则重于合作原则中的量原则（何自然 2002）。所以基于当下的意向性，并且受汉族和彝族语用原则中的礼貌原则的制约，彝族大学生在向陌生人表达请求时通常会过度谦虚礼貌。由于英语本族语者说话一般不会故意违反量准则来信守得体准则，这样过度谦虚礼貌往往会使话语关联性降低，导致英语本族语者付出过多认知努力，无法很快识别说话者的意图，造成尴尬。

6 对英语教学的启示

上述发现对我国少数民族大学生英语教学至少有以下三点启示。

（1）首先，教师要意识到对少数民族大学生英语语用能力培养的重要性。在本研究中，从大一到大四年级，彝族大学生英语语用失误现象较为普遍，其英语语用能力并没有随着英语语言能力的增长而提高。所以在教学中，教师在培养少数民族学生语言能力的同时，更要注重语用能力的培养，不仅要告诉学生英语句子的一般规律，更要教会学生句子在交际中的应用以及句子在交际中可能产生的言外之意。

（2）教师应采用对比教学方式。研究发现彝族大学生英语学习者的英语语用能力深受彝语、汉语语言及其背后社会文化等因素的影响，这些前经验指引学生心智空间中的意向性，并造成语言表达中突显不同。所以教师需要提供英彝汉语用对比分析案例并鼓励学生发现、共享更多语用差异案例，从而培养学生的语用对比意识、认知对比意识、在跨文化交际中减少语用失误。

（3）设计情景化教学模式。语境问题是语用研究中的重要问题。语用失误的出现与语境密不可分。Kecskes（2008）指出，实际情景语境和前语境都不能单独表明话语意义，它是由两者的互相作用构成的。因此在英语教学中要高度重视语境，不管是实际情景语境，还是前语境。采用特定的实际情景语境能帮助学习者利用前语境理解语言的使用，从社会认知角度提高语用能力，从而减少语用失误。

7 结语

本研究以彝族大学生为例，通过调查问卷的形式，采用定量与定性分析方法探究 101 位彝族大学生跨文化交际中英语语用失误现象。本文发现英语语用失误现象普遍存在于彝族大学生群体中，且该群体的语用能力有待提高，并运用社会认知语用学基本原理分析两类语用失误的形成机制，希望对少数民族英语教学有所启示。

参 考 文 献

[1] 陈新仁. 新认知语用学——认知语言学视野中的认知语用研究[J]. 外语学刊，2011（2）.

[2] 俄木阿宾. 浅谈凉山彝族礼貌语言[J]. 西南民族学院学报，1999：20.

[3] 胡文仲. 跨文化交际学选编[M]. 长沙：湖南教育出版社，1990.

[4] 何自然，陈新仁.当代语用学[M]. 北京：外语教学与研究出版社，2004.

[5] 何自然. 语言学概论[M]. 长沙：湖南教育出版社，1998.

[6] 姜望琪. 社会认知语用学——Kecskes 语用学理论评介[J]. 外文研究. 2015：3（1）.

[7] 廖海南. 藏族大学生英语口语交际中的语用失误分析[J]. 西藏科技，2014（4）.

[8] 钱冠连. 汉语文化语用学[M]. 北京：清华大学出版社，1997.

[9] 沈琳. 论趋向动词“来”“去”的应用规律[J]. 语文知识，2010（2）.

[10] 孙咏莉. 哈萨克人汉语语用失误调查分析[D]. 新疆师范大学，2004.

[11] 唐耀彩. 社会认知语用学视角下的误解研究[J]. 天津外国语大学学报，2016：23（1）.

[12] 王天翼，王寅. 认知社会语言学[J]. 中国外语，2012（2）.

[13] 王寅. 认知语言学[M]. 上海：上海外语教育出版社，2007.

[14] 王寅. 新认知语用学——语言的认知-社会研究取向[J]. 外语与外语教学，2013（1）.

[15] 王克. 论壮族人语用失误的文化背景[J]. 广西民族研究，1994（2）.

[16] 魏本力. 语用失误分析的理论探源[J]. 烟台大学学报，2002（10）.

[17] 余宁宁. 朝汉族大学生英语交际语用失误调查[D]. 延边大学，2012.

[18] 姚振军. “语用学的社会认知分析法”视角下的交际语境的事件域认知模型解读[J]. 外语与外语教学，2013（1）.

[19] 周红辉，冉永平. 社会-认知语用新视角[J]. 外语与外语教学，2012（4）.

[20] 赵艳芳. 认知语言学概论.[M]. 上海：上海外语教育出版社，2001.

[21] Dijk，T. A. v. 2008. Discourse and Context：A Socio-cognitive Approach[M]. Cambridge：Cambridge University Press.

[22] Hymes， D.H.1972. On Communicative Competence[C]. In： J.B. Pride and J. Holmeseds Sociolinguistics[C]. Harmondsworth Penguin Books.

[23] Kasper，G. & Blum-Kulla，S. 1993. Interlanguage Pragmatics[C].Oxford University Press.

[24] Kecskes，I. 2010．Socio-cognitive approach to pragmatics[J]. 外国语（5）.

[25] Kecskes，I. 2014．Intercultural Pragmatics[M]. Oxford：Oxford University Press.

法语 dont 关系从句的焦点机制

电子科技大学外国语学院 吴 瑶

摘 要：本文从认知语言学出发对 dont 关系从句的信息聚焦机制进行全面梳理和系统阐释。Dont 关系从句首先具备感知上的基础，在认知上根据先行词是否为特指可以划分出不同类型。当先行词为特指对象时，关系从句往往作为先行词的完型认知背景；当先行词为泛指对象时，关系从句则作为认知主体。认知视角的介入有助于厘清 dont 的各项复杂用法，从整体上更加全面地分析该词的使用以及背后所体现的语言系统的潜能。

关键词：dont；关系从句；焦点机制

The Focus Mechanism of French Relative Clause Introduced by *dont*

WU Yao
School of Foreign Languages, University of Electroic Science and Technology of China

Abstract：This paper aims to explain the focus mechanism in French relative clause introduced by *dont*. This category of complex sentence can be explanatory in the view of cognitive linguistics. The antecedent，defined（défini）or an undefined（indéfini）objet，decides type of focus mechanism. For the defined antecedent type，the subordinate clause servers as gestalt background，however it becomes focus in the undefined type. Based on cognitive analysis，we try to distinguish clearly different usages of the relative pronoun *dont* in order to explain how its focus mechanism operates.

Key words：don't；relative clause；focus mechanism

1 引言

法语关系代词 dont 源自于拉丁语 *de unde*，可视作 *d'où* 的同义词。Dont 多用于书面表达，没有性、数变化，作为关系代词连接两个句子。Dont 的先行词可以指人，也可以指物。先行词在从句中被定义为补充成分（Pronoms-relatifs，s.d.）[①]，dont 代替“de+先

① 该项解释综合了法兰西学院第八版词典（Dictionnaire de l'académie française，8e édition）、《正确用法词典》（Le Bon Usage de Grevisse），《大罗伯特词典》（Le Grand Robert）的相关词条。

行词” 的结构（CNRS，s.d.），可能是从句动词的间接宾语、状语，或在先行词为名词、形容词、泛指代词、基数词时，作其补语（毛意忠，2008）。多数词典和语法手册主要按句子所反映的不同关系对该词的用法做分类陈述，把 dont 主从句所体现的意义分为原因、方式、来源、所属、数量等。此外，存在一些特殊情况还应避免使用 dont 来引导从句。关系代词 dont 背后牵涉众多法语词汇与结构，一直是语法学习中的重点和难点。语法学家所做的主要工作是对 dont 的使用特征进行详细描述，在描述的基础上加以归类，但我们发现主要用法与例外用法之间并无相关解释，无法让人深刻理解用法之间的关联性与相对性。认知语言学将帮助我们更加关注先行词本身的特征与内涵，于此新的视角下，我们寻求系统地解释该词的焦点形成，展现 dont 所引导的关系从句中实际蕴含的认知层次。我们也进行了新的梳理与分类，尝试全面系统地总结关系代词 dont 的各项用法。

2 “主体-背景”的感知基础

认知语言学家根据视觉经验，例如依据著名的 Rubin 瓶（人脸/花瓶），提出感知上“主体/背景分离”的概念：视觉上选取为主体的事物往往具有完型特征，除了形状上具有一定轮廓线，还可能具有其他“类物性”，如结构性或连贯性。相比而言，背景往往没有固定形状或轮廓，内质均匀，并不表现结构。主体被焦聚于背景前，背景则在主体后不断延绵。感知上，主体将作为焦点（汉斯·尤格·施密特等，2009）。我们认为主体/背景的概念为法语 dont 从句的焦点机制提供了有力的认识框架。

2.1 感知上的初步探索：主体/背景为连续体

借助帕特里克·莫迪亚诺在小说《多拉·布吕代》中的描述为例证，初步探索 dont 从句可能的感知基础与认知层次。这位具有敏锐感知、尝试扑捉人类记忆的小说家，在该部作品中安排了许多写实描写，其中应用 dont 的描述场景模拟了主人公自然、完整的感知过程：

Un gardien assis derrière une table m'a indiqué l'extrémité du hall. Et là j'ai pénétré dans <u>une salle déserte</u> **dont** les fenêtres en surplomb laissaient passer un jour grisâtre. 一位坐在桌子后的门卫给我指了指大厅的尽头。从那儿我进入一间冷冷清清的大厅。灰暗的日头从向外斜开出去的几扇窗照了进来。（Modiano，1997：17）

从与整个大厅相接的地方，主人公进入大厅的另一部分，一个冷清的厅堂或小房间。Dont 引导的从句依据人视觉上对光线的感知，先行词“大厅（une salle déserte）”退而转化为背景，视域中明亮、有光照入的窗户随即得到突出。整体房间降低为背景，从句强调出具有视觉焦聚的对象。Dont 作为关系代词，在功能上充当从句中的名词补语，在处理两个句子的信息时，对视点主体/背景的呈现具有重要意义。《多拉·布吕代》另一处有真实图像支持的生动例证①：

Elle tient dans la main droite un livre. Ses cheveux sont entourés d'<u>une petite couronne</u>

---

① 该处对应一张真实存在的相片实物。小说《多拉·布吕代》涉及大量的文档与图片等真实资料，由 Serge KLARSFELD 搜集整理，后者所著的回忆录于 1999 年由 Gallimard 出版社出版。

dont on dirait que ce sont des fleurs blanches.她的右手上拿着书。她的头发上带着一个小小的花冠，似乎点缀着白色的花朵。（Modiano，1997：32）

该句是根据真实存在的黑白照片所进行的描写。照片符合人们在视觉上的感知凸显。人的自然视觉经验下，白色花冠是该图像的色彩组合中一个突出的焦点。准确定位白色花朵的位置依据的背景是 “头发”。头发在这里即是主体/背景理论中所提出的支撑进一步焦聚的基本域。Dont 将先行词“小花冠（une petite couronne）”凸显出来，小花冠被进一步、更精细地识别为许多“白色花朵”。文段生动地展示了伴随聚焦，信息是如何层层递进。

2.2 感知上的初步探索：主体/背景为分离状态

移动将使物体天然具有作为认知主体的优势。经典例证“ The ballon is flying over the house.气球飞出了房顶。”飘逸的气球对比房屋作为主体。方位意象图式（The orientational image schemas）也明确提出，人的方位感会给主体/背景关系带来影响，主体往往是运动的事物。视觉经验中，主体的某部分如果还能够进一步焦聚，则会成为“射体（trajector）”。主体最初的焦点地位将随之降低，变成“界标（landmark）”。下面我们用一项例证来展示：

“J'ai traversé une cour，je me suis engagé dans un couloir，j'ai débouché dans un hall très vaste où marchaient des hommes et des femmes qui tenaient à la main des serviettes noires et **dont** quelques-uns portaient des robes d'avocat. 我穿过一个院子，走进一条走廊，步入一个很大的大厅，一些手上拿着黑色公文包的男男女女在里面走来走去，其中几个穿着律师的袍子。”（Modiano，1997：17）

该句中移动的男男女女对比静止的大厅背景，因为移动的关系在视觉经验中拥有主体地位。Dont 引导的从句没有止步于移动对象的焦聚，还进一步瞄准移动中视觉上更加突出的部分，即穿着律师袍的人，这部分信息出现在 don't 所引导的从句中。

综合上述例证，我们尝试对 dont 从句的感知基础与认知层次进行初步探索，认为 dont 引导的从句结构上反映说话人认知焦点的信息分布。但这样的分析还不够完善，我们发现在上述例句中，dont 从句中的动词并非真正表示移动的动词，而是描写类、状态类的动词，例如，“是（être）”或“穿着（porter）”。焦聚部分停留在状态描写，而非真正的移动事件，因此我们还需要继续分析从句中出现其他动词的情况。此外，三个例句中有着明显类似的句法特征——dont 所服务的先行词均被非限定性冠词所修饰，先行词都属于非特指对象。我们认为这一点对 dont 从句的焦点机制极为重要。也就是说，如果先行词为特指信息，可能会影响主体/背景的关系。为了进一步探究以上各个问题，我们将首先澄清 dont 所反映的基本句法结构。

3 焦点转移的基本机制

以下分析关系代词 dont 的基本句法特征①。

（1）Tu dis que Jean connaît Pierre.　　　你说让认识皮埃尔。

① 后文中的简短例句部分参考自网站：http://www.gabrielwyler.com

（2）*Jean qui tu dis que connaît Pierre.　　　　　你说的（那个）让认识皮埃尔。

（3）Tu dis de Jean qu'il connaît Pierre.　　　　　你说的让，他认识皮埃尔。

如果想强调句子（1）中从句所特指的主语 Jean，这句话就需要改为（2），为主语搭建一个强调性的结构。但（2）在法语中很难被接受。对从句主语 Jean 的强调往往是借助于其他路径，比如转变为句子（3）在法语中可被接受，但 Jean 在句法结构上实际变成了主句的间接宾语，被强调的地位不足。为了兼顾一定的合理性，从句出现一个 il，跟 Jean 存在语义重复。在此情况下，关系代词 dont 介入，既保证 Jean 的焦点地位，又得以将句子高度简化：

（4）Jean **dont** tu dis qu'il connaît Pierre.　→ 简化形式：Jean **dont** tu dis connaît Pierre.

你说的让他认识皮埃尔。　　　　　　　　　你说的让认识皮埃尔。

根据句法替换，先行词如果是特指对象（Jean），句子最初形式（1）体现为对各个信息单位的次第扫描。这种次序铺展反映出句子信息是以听话者（这里的"你"）为中心来安排。如果说话者意图对 Jean 进行强调，则需要重新调整语句，整个次序会发生变化。我们注意到（4）中，整个句子的信息安排是以说话者（这里的隐藏的"我"）为中心：关系代词 dont 在句法结构上保证了对先行词 Jean 的焦聚，dont 引导的从句对 Jean 的信息还进行了补充，先行词 Jean 的认知背景相当于即是"认知区域"。

这意味在法语的具体使用中，能够被说话人处理为"认知区域"、用作 dont 从句的动词将有很多限定，普遍会是反映认知与心理的动词：savoir（知道）、dire（说）、voir（看见）、supposer（假设）、imaginer（想象）、parler（谈论）……可以预计，这些动词如果出现在从句中，先行词都将是特指对象。

4　焦点机制的两种分类

综合上述内容，根据先行词的句法与含义特征，我们认为关系代词 dont 所引导的从句存在不同的焦点机制。依照先行词的信息内容可以分成两大类：先行词是被限定，为特指信息时；当先行词未被限定，属于泛指信息时。

4.1　特指先行词类型

如果先行词为特指信息，从句是先行词的"认知区域"。先行词将保持自己的主体地位，从句将反映出说话人本身已知的信息内容。

4.1.1　对先行词信息不同类型的完型认知

Dont 引导的从句作认知区域，本质是对先行词的一种完型认知。如果详细考察，可大致区分出以下几种不同类别。

普遍反映认识活动及心理的动词或词组，如 savoir、connaître、dire、voir、supposer、imaginer、parler 等，例如：

（5）Il me paraissait même étonnant qu'une fille de seize ans，**dont** la police savait qu'elle avait disparu en décembre et connaissait le signalement，ait pu échapper aux recherches pendant tout ce temps. 在我看来，一个十六岁的女孩（多拉·布吕代），警察知道她在十二月就失

踪了，也知道她的特征，竟然在这么长一段时间内都没有被找到，这实在是一件令人惊讶的事情。（Modiano1997：61）

认知区域反映的信息可以进一步泛化，涉及情感领域。从句允许出现与情感相关的动词或词组，如 aimer、avoir peur 等，例如：

（6）C'est le film **dont** il avait horreur. 他感到恐惧的电影就是这部。

从句所展现的信息还可扩展为说话者对事或对人的主观判断与感受，从句许可相应的形容词结构。

（7）C'est le travail **dont** il est fatigué. 他觉得疲乏的是工作。

从句许可一些动词的自反形式，反映出说话人的心理活动、感知印象与总体感受：

（8）C'est son succès **dont** nous nous étonnons. 让我们感到经验的是他的成功。

4.1.2 完型认知对从句信息的限制

说话人围绕自身、对个人认知范围的直接表达体现在如果先行词为特指，从句将不能再出现重复信息。如果从句再次出现已焦聚过的对象，会影响整个句子先行词作焦点的结构，打乱从句整体作为完型认知的信息分布。（4）句中第一句就被视作不够简化，il 重复主体 Jean，造成信息冗余，更加打乱了先行词的焦点结构。使用关系代词 dont 对从句动词的限定，意味话语严谨、合乎逻辑，符合认知上的信息安排。

如果从句动词不体现对先行词的焦聚则不适用于从句。

（9）le livre **dont** j'ai lu la préface. 我读过序言的这本书。

*le livre **dont** j'ai réfléchi à la préface. 我已经就这本书的序言进行了思考。

主体/背景关系中，明显移动的事物会引起新的焦点。如果从句表达另一个事物在移动，视点将跟随变化，但特指先行词的句法结构始终需要保持（特指）先行词作焦点，焦聚过程会存在冲突。因此表达明显位移变化、脱离动作或引起注意力偏移的动词，在先行词特指的情况下均不适用于 dont 所引导的从句，在法语中一系列表达变化和位移动词都不被接受：

（10）***l'étage dont** elle est descendue. 她走下来了的台阶

（11）***la chambre dont** elle sortait. 她出去了的房间

（12）***la piste dont** l'avion vient de décoller. 飞机刚刚所起飞了的跑道

特指先行词的句子不允许"次第扫描"。除逃逸等移动情形以外，对细节的描绘也会造成新的焦点。同样的，如果从句焦点已发生偏移，会与先行词的焦聚形成矛盾。为使 dont 引导的从句只作为认知区域，细节补添是不被允许的：

（13）le restaurant **dont** je t'ai parlé 我谈到过的餐厅

*le restaurant **dont** je t'ai parlé du menu 我对你说起过菜单的餐厅

4.1.3 完型认知对先行词的进一步扩展

上述特指先行词对从句动词的限制可以总结为：先行词指代某个特指对象时，从句动词或词组必须保证对先行词的焦聚，保证对外形或运动的完型认知。

不难理解当从句表达所属、源出、出身等概念时，dont 引导的从句构建出对先行词的完型认知：

（14）La ville **dont** je viens est en fait un village. 我所来自的城市其实只是个村子。

（15）C’est la famille **dont** il sort. 这就是他所出身的家庭。

最为复杂的情况则是，特指先行词对比从句信息，本身是高度抽象或具备完型心理概念的词，从句由关系代词 dont 引导从句作为说明内容，揭示先行词所表达的内容。

（16）J’aime la façon **dont** elle chante. 我喜欢她唱歌的方式。

（17）Je n’aime pas la manière **dont** elle parle. 我不喜欢她说话的方式。

（18）Ce sont les livres **dont** je connais le nom. 这是一些我不知道名字的书。

（19）Si généreuse qu'elle fût，elle n'a certainement pas deviné ce qui se passait dans la tête de Dora Bruder，ni comment celle-ci vivait sa vie de pensionnaire ni la manière **dont** elle voyait chaque matin et chaque soir la chapelle [...] 就算她是大度包容的人也不一定能猜到多拉•布吕代脑子里想的是什么，也不知道多拉在寄宿学校的日子是怎么过的，她每天是如何看待……[略]（Modiano，1997：43）

例 18 可以作为一个特例，从句中的“名字”可以理解为一种“细节”，也可以理解为有关先行词的完型再现——“名字”作为高度抽象的概念被说话人置于思想中，唤起整体性认识。同理，例句 20 也存在这个问题。例句 20 是一段叙述者所构想的多拉•布吕代的生活。从句涉及细节内容——先行词“这扇门”的“门牌号”。与例 18 的“名字”一样，在虚拟构建中，说话人被设定无从得知门牌号，无法唤起对应实物的细节认识，只能是抽象概念。这样的心理完型认知将不造成焦点转移。

（20）Ou bien l'a-t-on conduite directement quai de Gesvres，permanence de 9h30 à 12h. Elle a suivi le couloir，à droite，jusqu'à cette porte **dont** j'ignorerai toujours le numéro. 她沿着右边的走廊走，一直走到那扇我一直不知道是几号的门前。（Modiano，1997：111）

4.2 泛指先行词类型

泛指类先行词的焦点机制在第二部分中已经陈述，可总结为，先行词如是泛指对象就不视作焦点，dont 从句不会强调先行词，整个句子将体现从主句到从句的次第扫描。

（21）C’était un vieillard dont la barbe blanche couvrait la poitrine. 这曾是个老人，白色胡子垂于胸前。(Camus)

先行词以泛指一定数量的名词，dont 从句将呈现持续焦聚，特殊信息在从句中作焦点。

（22）Il y a six étudiants **dont** cinq sont Chinois. 在这六个大学生中，有五个是中国人。

（23）Ils ont trois enfants **dont** deux (sont) fils. 他们有三个孩子，其中两个是男孩。

4.2.1 非完型认知对先行词的要求和对信息分布的影响

特指先行词对从句的限制在于要求从句的信息保持对先行词的突出。泛指先行词另有限制，凡上述属于“完型认知”的信息都不被许可出现在泛指先行词的关系从句中。下面两个例句的从句信息都构成对先行词的焦聚，但先行词本身是泛指对象，会造成理解上的冲突。

（24）*C’est un livre **dont** je connais l'auteur 这是一本书，我知道作者。

从句中对先行词在内容或句法上的复指都会使先行词作焦点，造成理解混乱，如例句 25、26 中所重复的内容。

（25）*C'est un livre **dont** j'ignore **son** auteur.　这是一本书，我不知道它的作者。

（26）*C'est un livre **dont** j'**en** connaît l'auteur.　这是一本书，我知道它的作者。

先行词对从句的控制十分严格。我们直接从认知上去把握句法结构将更为清晰，便于理解。比如例句 27 的矛盾是一目了然的，说话者认知中头发显然首先属于"年轻女孩"，先行词这时需要特指。

（27）*Je connais une jeune fille dont les cheveux retombaient sur le dos. 我认识一个长发垂背的年轻女孩。

4.2.2　一种中间类型

当先行词是 ce、quelque chose、rien 等无生命的泛指代词，其意义本来就属于泛指或空指，但功能上这些代词的占位依然实现了某种程度的焦聚，焦点与泛指代词仅在简要的回指形态被许可，一旦从句过长，视点还是会发生转移。先行词如果是泛指代词，只要从句不过长，dont 引导的从句将作认知背景。

（28）J'ai trouvé ce **dont** j'avais besoin.　我已经找到我需要的了。

（29）Il n'y a rien **dont** j'ai envie.　没什么是我想要的。

但如果从句的结构实在太长，信息量较大，则会削弱先行词的焦聚效果，影响其作为主体的焦点地位。比如文学家 Gide 的一句话，较长的从句负责主体信息，削弱了对先行词的焦聚：

（30）Ce **dont** j'avais à me plaindre me parut tout à coup parfaitement informulable. 我原本所抱怨的，突然间在我看来无从描述。

5　总结

从认知视角出发，我们重新阐释了 dont 关系从句的焦点机制。根据先行词指代特指或泛指对象，我们进一步区分出不同机制类别。当先行词为特指对象时，dont 引导的从句往往作为先行词的完型认知，充当认知区域，保证对先行词的信息焦聚；而先行词为泛指时，dont 引导的从句本身作主体，说话人并无意图突出先行词的信息，认知过程类似次第扫描。先行词是否被说话人特指，直接影响从句动词的使用以及从句信息的分布，句子整体上的结构也会反过来制约先行词的使用。从句将严格遵循不同焦点结构所构建的次序，保证着认知与逻辑上的合理性。本文初步探索了法语中关系代词 dont 的焦点构建机制，主体与背景等认知领域的概念为解释句法结构及其内涵提供了新的思路和分类依据。认知视角的介入帮助我们把握系统性的分类原则，从而得以描写不同用法以及用法间的关联。对 dont 的用法所做的分析也让我们意识到，这类描写路径是从语言的使用中去捕捉和呈现语言系统的潜能。一些词，例如 dont，"只有通过语法整体才会有价值"（福柯，2012：135）。限定与非限定可视作相对稳定的使用标记，用法间的关联在于同一个系统下的相对值。

参 考 文 献

[1] CNRS[OL]. Ortolang 栏目. 来源 CNRTL：http://www.cnrtl.fr.

[2] Dictionnaire Le Robert-SEJER[Z]. 巴黎：Le Robert 出版社，2013.

[3] GREVISSE. M. Le petit Grevisse-Grammaire française[Z]. 布鲁塞尔：Groupe De Boeck 出版社，2006.

[4] LAGANE. R. 拉鲁斯法语疑难辨析手册[M]. 上海：上海译文出版社，2011.

[5] Le dictionnaire de linguistique et des sciences du langage[Z]. 巴黎：Larousse 出版社，2012.

[6] MODIANO. P. Dora Bruder[M]. 巴黎：Editions Gallimard 出版社，1997.

[7] Pronoms-relatifs [OL]. 来源 Etudes-littéraires：https://www.etudes-litteraires.com/pronom s-relatifs.php.

[8] Ungerer. F，& Schmid. HJ. 认知语言学[M]. 北京：外语教学与研究出版社，2008.

[9] 汉斯・尤格・施密特等弗里德里希・温格瑞尔. 认知语言学导论[M]. 上海：复旦大学出版社，2009.

[10] 黄新成，胡宗荣，柏令茂，等. 法汉大词典[M]. 上海：上海译文出版社，2003.

[11] 罗纳德・W. 兰艾克. 认知语法[M]. 北京；商务印书馆，2016.

[12] 毛意忠. 法语现代语法（修订版）[M]. 上海：上海译文出版社，2008.

[13] 米歇尔・福柯. 词与物——人文科学考古学[M]. 莫伟民译. 上海：上海三联书店，2012.

[14] 帕特里克・莫迪亚诺. 多拉・布吕代[M]. 北京：人民文学出版社，2017.

[15] DELATOUR. Y，JENNEPIN. D，LÉON. M，等. 全新法语语法[M]. 毛意忠等编译. 上海：上海译文出版社，2006.

[16] 张寅德. 新法汉词典[Z]. 上海：上海译文出版社，2007.

文学作品中方言的认知及语用
——以《死水微澜》的四川方言为例

电子科技大学外国语学院　汤朝菊　钟　陶

摘　要：方言是文学作品中常使用的一种特殊语体现象，除了方言本身是一种特殊的语言变体之外，方言的使用既能反映作者的语言认知倾向、语言使用偏好，更能反映方言的语用语境以及方言的使用功效：描述当地浓郁的乡土特色、风俗人情、地域风貌，方言阶层的心理状态和生活方式，体现鲜活的人物惟妙惟肖的个性、形象和语言特征，同时文学作品中的方言也是方言研究者一个重要的语料来源。解读文学作品中的方言现象，有利于读者更好地理解作品的深层意义，也是分析方言本身的语言特点的着力点。本文聚焦于四川成都作家李劼人的长篇小说《死水微澜》（2014 年，四川文艺出版社），主要统计归纳作品中四川方言的使用数量、使用频次、语用语境、方言的语义解读等，从而分析作品中四川方言的地域特色、语用来源、作家的个人语言认知和运用倾向，并从中看出方言在文学作品中的特殊语用功效。

关键词：《死水微澜》；李劼人；文学作品，四川方言

Pragmatic Analysis of Dialect in Literary Works: A Case Study of Sichuan Dialect in the Novel of "The Dead Water"

TANG Chaoju，ZHONG Tao
School of Foreign Languages, University of Electronic Science and Technology of China

Abstract：Dialect is a special linguistic variety that often used in literary works. The use of dialect can not only reflect the author's linguistic cognitive tendency and preference for language use，but also reflects the pragmatic context of dialect and the characteristics of dialect，which include the description of dialectal nativeness，local customs，geographical information，local peoples' state of mind and lifestyle，reflecting the vivid personality，image and linguistic features of characters. Furthermore，dialect is also an important source of corpus for dialectal researchers. Interpreting the dialect phenomenon in literary works is conducive to the readers' better understanding of the deep meaning of the works, and is also the point of analyzing the linguistic features of the dialect itself. This paper focuses on the novel "*Sishui weilan*"(literally "Dead Water, Subtle Ripples", henceforth "Dead Water")(Sichuan Literature and Art Publishing House, 2014), which is written by Li Jieren, a writer from Chengdu, Sichuan Province. This paper mainly summarizes the number of Sichuan dialects used in the works, the frequency of use, the pragmatic contexts, and the semantic interpretation of dialects. This paper also analyzes the regional characteristics of Sichuan dialect in the works, the classifications and the originality of Sichuan dialect, the writer's linguistic cognitive tendency and preference for language use, from which we can see the special pragmatic functions of dialect in literary works.

Key words: *Sishui weilan (Dead Water);* Li Jiren; Literary Works; Sichuan Dialect

1 引言

1.1 方言

中国是个拥有多种语言和方言的多民族大国，这些浓郁地域色彩的语言或方言为不同地域的人们广泛使用并世代传承，是珍贵的中国语言瑰宝。除了不同的语言包括少数民族的语言外，汉语最丰富的组成部分是各地的方言。

中国方言有两大分水岭：(1）官话方言（又称为北方方言)，主要有东北官话、北京官话、冀鲁豫官话、胶辽官话、中原官话、兰银官话、西南官话、江淮官话；(2）南方方言（非官话方言)，主要有晋方言（晋语)、湘方言（湘语)、徽方言（徽语)、赣方言（赣语)、吴方言（吴语)、闽方言（闽语)、粤方言（粤语)、客家方言（客家话)、平话方言（平话)、军话方言（军话)。可以看出，一个大方言区内部仍存在语言差异，因此方言之下又分次方言，次方言下又分方言片、方言点，每个方言内部还可以再分为若干土语。方言具有丰厚的文化底蕴，它是地域文化的载体，表达地区的文化特色，同时，方言也是传统文化的活化石，传承宝贵的文化遗产；方言也是植根于民间的文化形态，具有深厚的民间文化土壤。

由于普通话的官方化，很多方言正在逐步消亡，因此，保护方言，使用方言，研究方言，记录方言是语言研究者和文化研究者义不容辞的使命和责任。《晏子春秋·问上》里记载："百里而异习，千里而殊俗。"这句话也被记入被誉为"史家之绝唱，无韵之《离骚》"的司马迁的《史记》里面："百里不同风，千里不同俗。"这句话经常用在表示人际交往或者文化交流上，而这句话应用在描述中国方言上就是"十里不同音，百里不同话"，说明中国方言之丰富多样。

1.2 四川方言

四川方言是中国官话分区中的西南官话，也就是四川人说的土话，滥觞于上古时期的古蜀语和古巴语（非华夏族语言)，故又称为巴蜀方言。之后四川方言便随巴蜀地区的历史进程和移民更替而不断地发展变化，秦灭巴蜀后，巴蜀地区逐步形成独具特色的巴蜀语（属华夏汉语)。明清时期，由于战乱、自然灾害、瘟疫等诸多原因，湖广（当时的湖广行省和广东行省的各地区）移民进入四川（史称“湖广填四川”），清末《成都通览》曾记录“现今之成都人，原籍皆外省人”，之后巴蜀语同各地移民方言因方言接触、融合而演变形成现今的四川方言。四川方言种类繁多，虽然统称为“川话”，但几乎是每县一口音，当中根据地域有不同的口音，也有26种不同的口音，应了中国“十里不同音，百里不同话”的奇妙语言和文化现象。四川方言的代表方言，川东是重庆话，川西是成都话。

1.3 四川方言的语料来源

四川方言的语料来源一个是历史的文献记载，包括方言学家的历史记录文献及音档（文字的或声音的），方言工作者的方言田野调查档案，传教士文献记载，文学作品的记载等，另一个就是方言的共时记载文献，包括方言电影、方言广播、方言相声、方言的说书（如李伯清系列说书）等，而在现今普通话普及的语境下，这样的共时文献或音档文案已经很有语音不准确的忧虑，所以历史文献是研究四川方言的较好文献来源。成都人李劼人用方言写就的长篇小说《死水微澜》于1935年由上海书局出版社出版，2014年，四川文艺出版社出版的版本中，内容全部用四川方言—成都话，里面有方言语音、方言词汇、方言句子等，是一个研究四川方言很好的语料来源。

1.4 《死水微澜》的故事梗概

下面简要介绍《死水微澜》的故事梗概，分别从作者简介、故事发生的地点、小说的故事梗概几个方面进行简要的说明。

1.4.1 《死水微澜》的作者简介

李劼人（1891—1962）是生于成都、长于成都的四川成都人，祖辈就是湖广移民之一，其原名为李家祥。他是中国具有世界影响力的著名文学大家之一，同时也是中国现代重要的法国文学翻译家、知名的活动家及实业家。郭沫若誉其为“中国的左拉”，学界称其为新文学长篇历史小说的“开山祖师”，巴金誉其为“只有他才是成都的历史家，过去的成都都活在他的笔下”。他的笔下无不流露出他对故土的熟悉、眷念，他逝世后还永远长眠于毗邻天回镇的磨盘山。李劼人的代表作是其著名的“大河三部曲”：《死水微澜》《暴风雨前》和《大波》，其中《死水微澜》（2014年，四川文艺出版社）如前文所述，描写的是当时川西天回镇的普通民众在帝国主义入侵之时的生活百态，其中的四川方言的运用是研究四川方言的语音、词汇乃至语法等的语料来源之一，而且作品的问世标志中国现代长篇小说的成熟。

1.4.2 故事发生的地点

《死水微澜》选取的地点是成都北门（成都照传统分为东、南、西、北四门）以外的位于成都和新都之间二十里处的一个镇市—天回镇，此镇虽不大，但其镇名的由来却非比寻常，按照作者在书中的描述：“志书上，说它得名的由来远在中唐。因为唐玄宗避安禄山之乱，由长安来南京。成都在唐时号称南京，以其在长安之南也。刚到这里，便‘天旋地转回龙驭’了。皇帝在昔自以为是天之子，天子由此回銮。所以得了这个带点历史臭味的名字。”这个地方的交通意义更是非同一般。“它一直向北伸去，直达四川边县广元，再过去是陕西省的宁羌州、汉中府，以前走北京首都的驿道，就是这条路线。并且由广元分道向西，是川甘大镇碧口，再过去是甘肃省的阶州文县，凡西北各省进出货物，这条路是必由之路。”可见其交通要道的战略位置，作者选取此地为故事发生的地点、人物出场的地方应该是颇有深意的。

1.4.3 小说故事梗概

《死水微澜》主要讲述中日甲午战争后到《辛丑条约》签订期间发生在成都郊区天回镇上的袍哥罗歪嘴、蔡大嫂（邓幺姑）和教民顾天成之间的故事。出生农村的邓幺姑成人后嫁给了天回镇的蔡兴顺，当上了杂货铺的老板娘，人们都称其为蔡大嫂。蔡兴顺生性老实，但由于受到其表哥罗歪嘴的照顾，外人也不敢欺负蔡兴顺。邓幺姑和罗歪嘴在日间相处中逐渐生出情愫，两人的事情也很快闹得人尽皆知。罗歪嘴虽是被戴了绿帽子，但却选择忍气吞声。最后杂货铺中便有了这“两夫一妻”的奇异景象。外乡人顾天成来到天回镇，因受到罗歪嘴的坑骗，最后落得家当尽失，妻离子散的结局，最后投奔洋人。后来得势的顾天成开始设计报复罗歪嘴，不料罗歪嘴得到情报早早逃脱，蔡兴顺却因此锒铛入狱。蔡大嫂带着孩子流亡回老家，不料顾天成又看上了蔡大嫂，说要娶她。蔡大嫂顾及多方因素，还是嫁给了顾天成。后来罗歪嘴回来寻蔡大嫂，发现蔡大嫂已改嫁，不由大怒，和顾天成争夺了起来，最后以失败告终。《死水微澜》这部作品就是以这几个人之间的故事为主线，在天回镇发生的这一切其实就如一潭死水，不管里面的人物怎么翻腾，对于这死水来说就只是微澜而已。

2 《死水微澜》中的方言运用

2.1 文学作品中的方言认知

《死水微澜》作品中描述和使用的方言是川西方言成都话中的一个小片，成都市北郊的一个小镇天回镇（今行政区划为四川省成都市金牛区）。该镇曾是古蜀道的起点，所以方言自有特色。天回镇在作家的心中就是川西乡土文化的缩影。方言之于文学作品的使用就如同本族语和外语的关系，亦如地方特产的独特、地方菜品之地道，失之，则变味、走样，也就谈不上本色本香，更谈不上原汁原味，所以文学作品（包括影视作品）中方言的运用，不但不会把文学作品的价值和档次降低，反而使得其更加独具特色、别有风味以至于无以替代。

2.2 文学作品中方言的语用情况

文学作品中的方言研究在国内外的文献中都有一定的学术园区，国外的如研究名著《德伯家的苔丝》的方言现象等，国内的就更多了，“有许多方言，有许多人使用，这是我们生活里的一个重要事实，用普通话写的文学作品对此不能没有反映”。（于根元，1935：34）根据已有文献来看，中国方言在文学作品中的使用，从古典文学如四大名著到通俗文学，从一般文人的文学作品到诺贝尔奖得主的文学作品如莫言的著作等都不乏成果；而从地域来看，有研究绍兴方言的，如鲁迅作品中的方言使用；有研究陕西方言的，如贾平凹、路遥等的作品，有湘西方言的，如沈从文的《边城》，有北京方言的，如老舍的作品，有延安方言，有上海方言，有广东方言，有江苏方言等；从研究视角来看，有与标准语的对比研究，有汉外翻译研究，无论是从作家、作品和地域性以及研究视角来看都呈现多样性。

2.3 《死水微澜》的四川方言

《死水微澜》中的四川方言有其历史特定时代的特征，无论从语音、词汇和语法上都有鲜明的地域特色。根据作者统计，整部《死水微澜》（基于四川文艺出版社 2014 年版本）所用的四川方言词汇就达 920 多条，使用频次最高的方言词汇高达 129 次。这些方言按照语言本体分类，可以分为语音方言（一般语音方言和通假类语音方言）、词汇方言（包括固有词汇方言、互注式的方言）；按照语言词性功能分类可以分为名词性方言词、描写性方言词、动词性方言词；按照方言的词汇来源分，有四川哥老会行话和生活惯用语等。

根据作者自制的语料库，《死水微澜》中的方言按照语言本体分类有语音方言、词汇方言，其他如方言语法和方言句子也是由方言词汇决定的，所以我们主要从语音和词汇、词性及语源等方面来分析。

2.3.1 一般语音方言

方言语音特色中体现最多的是普通的语音上的方言性，因篇幅所限，表 1 略举几例。

表 1 普通语音方言词汇

四川方言	注音	普通话注音	语义（普通话）
硬是	ŋeng3shi3	[yìng shì]	硬要，非要
着	zao2	[zháo]	遭
很	he4	[hěn]	很，非常
界尺	gai 3ci2	[jiè chǐ]	同“戒尺”
街	gai1	[jiē]	街
敲醒	kao1xin4	[qiāo xǐng]	敲醒
鞋	hai2	[xié]	鞋子
角落	guo2luo2	[jiǒo luò]	两堵墙或类似墙的东西相接处的凹角
强强	Jiangjiang2	[qiàng qiàng]	性情固执，强硬
岩石	□ai2si2	[yán shí]	岩石
伸抖	cen1tou4	[shēndǒu]	干净整洁，光鲜漂亮
宴	□an3	[yàn]	迟
褴褛	lan22lou2	[lán lǚ]	衣服破烂
早晨	zao4sen2	[zǎo chén]	从天将亮到八九点中的一段时间
生书	sen1su1	[shēng shū]	新知识

从表 1 可以看出，四川方言中有些特殊的语义无论是声母或韵母与普通话相比都发生了变化，这些变化还是有很规律和系统的对应关系的。如四川话中在/ɑ/前的舌面后鼻音声母/ŋ/，在普通话中变成了零声母，但是在书写时要带上一个元音/i/，记做 y（“衣”的整体认读部分），如，“硬（ŋeng-ying）；而四川话中特有的舌尖后鼻音/ ɳ /则在普通话中找不到对应的声母，只能并入舌尖中鼻音，”宴（ŋan-yan）、“嬢 ŋiang”，四川话中也有鼻尾韵消失的情况，如“很 he-hen”，其他的如前响复韵母变成了前鼻韵母，如“岩（ai-yan”），普通话中的翘舌音都变成平舌音，软腭后鼻音变成前鼻音等的现象和语音学家们记载的相吻合。这说明文学作品是一个重要的方言记载语料来源。

2.3.2 通假类语音方言

另一种特殊的四川方言语音现象就是通假类语音方言词汇，如表 2 所示。

表 2 通假类语音方言

四川方言	通假字	四川读音	语境
狗/牛矢	狗/牛屎goushi	gou2si3	狗矢人便
顽	玩	同音通假字	放泼的顽，放泼的闹
跟	给	gen1	顾三奶奶当时，就把三贡爷一件烂夹衫取出跟了他

这部分方言词，语义可以翻译，但是语音只有记音和转写。所以，对这部分方言（词汇）要靠音档来保留，而且非音档或语音转写不足以真实地再现和反应这种方言的本色本香。这部分方言的认知和辨别需通过声音的再现才能体现，所以特别珍贵。

3 词汇方言

这个是整部小说中占比最多的，因为词汇本来就是语言中最活跃的要素，四川方言中充满了本土的词汇，要靠本土方言人来认真的辨别。

3.1 固有方言词汇

从作品中可以看出，四川方言有其固有的一些词汇，这些词汇在普通话中无法直接找到对等词，只能通过间接释义的形式来进行翻译。如果不用这样的固有词汇，那种浓郁的地方色彩就无法得到表现（如表 3 所示）。

表 3 固有方言词汇

方言	普通话	备注
坐头	座位	供人坐的地方
做声	发声	发出声音
作兴	流行	广泛传布
张巴/叉巴	无	意为爱出风头
摆龙门阵	聊天	以轻松随便的方式谈话
棒客	强盗	用暴力抢夺别人财物的人

（续表）

方言	普通话	备注
比并	比较	指对比几种同类事物的异同、高下
不为人	不会做人	不懂得为人处世
敞口标	乱说话	毫无顾忌地说胡话
搭倒	顺便	做某事的过程中顺带着做另一件事
打叠	收拾	收拾布置
代一手	帮忙	帮助别人做事
丢冷	过一段时间	过一段时间
对识	举手	其中一只手臂向上伸展
捡魍头	占便宜	用不正当的方法取得额外的利益

3.2　互注式的方言

另一个就是互注式方言，是作者在作品中通过注解的方式把方言的释义解释出来，比如“鸡公车（机工车），二把手独轮小车”。作者通过这种文本互注的方式把方言的词汇和词义已经标注明白了（如表4所示）。

表4　互注式方言词汇

四川方言	互注	
鸭棚轿	二人抬的、专为下乡，从轿铺里雇来的	
野娃娃	凡不是常同着我们一块玩耍的孩子	
强强	强强（字），（音）读成将字，去声，意谓小儿不听大人言语指导，其实即强字本意而声稍变耳。	犟
鸡公车	机工车，二把手独轮小车，一种二把手推着行走的独轮小车	
掌柜	老板	
苏气	称人大方、漂亮；穿着整齐而修饰入时	
打流跑滩	四川哥老会术语，打流者流荡也，跑滩者漂流各处以谋生也	
吃通	到处行得通	
伸抖	读作（cen1tou4）指长相标致出众	

3.3　根据词性功能分类

《死水微澜》中方言运用众多，每个方言词或者方言所描写的场景都带有浓郁的四川地域色彩和风俗人情。本文将从名词性的方言词、描写性的方言词、动作性的方言词、四川哥老会的行话词以及一些四川人生活中惯用语来分析《死水微澜》中的方言运用。

《死水微澜》中名词性的方言词运用众多，例如：“鸡公车”（普通话语义：二把手独轮小车，一种二把手推着行走的独轮小车），“鸭蓬轿”（普通话语义：二人抬的、专为下乡，从轿铺里雇来的），“活路”（普通话语义：手艺），“龙门阵”（普通话语义：谈天说地），“大老表”（普通话语义：表亲），“过场”（普通话语义：名堂，花样），“膘水”（普通话语义：潲水），“红锅饭店”（普通话语义：寻常饭店中而加煎炒），“腰骭”（普通话语义：腰），“腿骭”（普通话语义：腿），“声气”（普通话语义：声音），“棒客”（普通话语义：明火执仗的强盗），“叫花子”（普通话语义：乞讨的人），这些方言词汇都充满了地方语言特色。例如，书中描写邓幺姑的邻家韩二奶奶临走时对幺姑说的话：“幺姑，我们再不能同堆做活路，……摆龙门阵了！……”这句话中的“龙门阵”便生动体现了当时成都的民间文化活动形式。

3.4 形容词性或副词性的方言词

《死水微澜》中描写性的方言词同样运用众多，例如：“强（jiang4）东西”（普通话语义：倔强的人），“苏气”（普通话语义：称人大方、漂亮；穿着齐整），“背时”（普通话语义：倒霉），“伸抖”（普通话语义：干净整洁），“苕气”（普通话语义：成都俗语，讥乡下人与外县人之土头土脑），“狗”（普通话语义：吝啬，小气），“歪人”（普通话语义：凶狠的人），“张巴”（普通话语义：形容人叽叽喳喳说个不停），这些方言词汇透露着满满的地方气息。例如，书中形容顾天成时描写到：“……虽自己也常想闹点官派，无如彻头彻脚，周身土气，成都人所挖苦到苕气（成都俗语，讥乡下人与外显人之土头土脑者曰带苕气，或曰土苕样子，意若曰乡下的人都是赖红苕为生的，米麦乃是城里人之食品。——作者注）。”这样描写中所运用的“苕气”真的是很形象地描述出顾天成的土气，通过作者注释也能生动体会到当时成都人讥讽别人“苕气”时的那股牙尖劲儿。

3.5 动作性的方言词

《死水微澜》中动作性的方言词运用广而多，例如：“赶场”（普通话语义：赶集），“搭手”（普通话语义：成都市语，尤其通行于下等社会，意为帮忙），“屙泡尿”（普通话语义：上厕所），“说得拢”（普通话语义：意为聊天有共同话题），“通皮”（普通话语义：），“鸩人”（普通话语义：整人，捉弄人），“乘火”（普通话语义：负责任，有担当），“撒豪”（普通话语义：逞强滥用武力），“淘神”（普通话语义：费心），“提了萝卜秧”（普通话语义：被人捉弄），“做生”（普通话语义：过生日），“臊皮”（普通话语义：丢脸），“诓”（普通话语义：骗人）、“讨口子”（普通话语义：乞丐）、“吃酒”（普通话语义：喝酒），“吃烟”（普通话语义：抽烟），“打伙”（普通话语义：共享），这些方言词汇无不渗透地方文化。例如，形容天回镇片官时写道：“……本可以不必鸩猪剥狗皮的（川语，凡谓害人或玩弄人使人吃亏，皆曰鸩人。——作者注）。”“鸩”本意为传说中的一种毒鸟，川语中的“鸩人”足以生动体现害人者或玩弄他人者的恶劣之心。

其他类别的方言不一一在此举例。

3.6 根据方言的来源分类

此外，四川方言也有语源来源的分类，比如来自帮会和生活习惯的一些特定词汇。

3.6.1 四川哥老会行话词

袍哥又称哥老会，名称取自于《诗经》：“岂曰无衣，与子同袍。”“袍”与“胞”同义，即视异姓兄弟亦如同胞。袍哥原本是明末清初反清复明的秘密会党，经过三百多年的演变已经发展成一种帮会，袍哥的礼仪、制度等等，已成为地方文化中重要的组成部分。哥老会起源于四川，在清代和民国期间活跃于长江流域，其声势和影响都很大。《死水微澜》中提及不少四川哥老会行话。例如："跑滩"（普通话语义：四川哥老会术语，打流者流荡也，跑滩者漂流各处以谋生也），"吃通"（普通话语义：行得通），"袍哥"（普通话语义：四川哥老会成员称为袍哥），"对识"（普通话语义：四川哥老会中用语，意为介绍），"海底"（普通话语义：专门记载哥老会术语的书名），"栽"（普通话语义：袍哥术语，栽斤斗即落马的意思）。四川哥老会起源于四川，兴于清代和民国时期，声势影响浩大。这些方言行话词再现了当时四川哥老会中的常用语。例如，"袍哥"是对四川哥老会中成员的称呼。关于其的来源也有不同说法。有一种是指根据《诗经》中的"岂曰无衣，与子同袍"而来，意指入会便是兄弟，当同甘共苦。还有一种说法指根据《三国演义》中而来，说在关二爷降曹后还是常穿着旧袍，他说："旧袍是我大哥玄德赐的，受了丞相的新袍，不敢忘我大哥的旧袍。"由此可见，仅仅是这样一个方言称呼也是和中国传统经典文化是有渊源的。此外，书中出现的这些行话词对于四川哥老会的研究也是有积极意义的，也给普通读者一个机会能了解历史上有这么一个袍哥组织。

3.6.2　生活惯用语

书中还有许多四川人民生活中惯用的语句，这些语句体现了其说话语言特色，而这样的句子定是要用川话读起来才是最地道且带感的。例如，顾天成哄自己女儿时所说的："那是昨夜诳你的，二天进城，一定跟你买来。……妈妈没起来，今天连髦根儿都没人梳了。"还有邓大娘责怪邓大爷时所说的："晓得你在场上割了些啥子老牛肉？炖他妈的这一天，掺了几道水，还是帮硬的。"文中诸如这样十分贴近四川民众的生活用句还很多，从这些句子中能很直观地感受方言文化的魅力，如果读者是熟知川话的，那么用川话读起这些地道川话定是十分熟悉带感的。

4　结语

方言在文学作品中尤其在特殊的语用功效中有着标准语不可替代的地位。

记录文学作品中的方言，分析这些方言的语用语境和语用语效是文学分析不可或缺的一部分。

《死水微澜》是优秀的用方言写作的文学作品，值得人们更多的关注和鉴赏。这部作品表面上看是以天回镇上几个小人物的故事为主线，这里其实就如一潭死水，不管里面的人物怎么翻腾，对于这地方的境况都不会有什么改变。《死水微澜》的创作背景是中日甲午战争后到《辛丑条约》签订期间，帝国主义入侵中国，清政府统治下的中国其实也就是一潭死水，里面的人物怎么翻腾也改变不了这屈辱无生气的现状，不过就是在这死水之上撩起一丝微澜，而后又归于死水罢了。作品里面方言的运用使得作品中的每个人物都那么有血有肉、活灵活现，这就是川西，这就是成都，这就是天回镇人们的生活诸相。没有方言的衬托和润色，这部作品就没有那种地域定位，也就没有作品中人物的生态。

中国语言文化涵盖面广而泛，而方言文化是其中不可或缺的一部分。方言写作的文学作品则是方言文化的承载体之一，而这之于作者、读者以及中国语言文化都有深远意义。

方言文学作品之于作者：因其本身熟知方言，故能用娴熟的运用能力来写作，这同时也是作者对于方言文化的继承和传递；方言文学作品之于读者：这样的写作模式带给读者的阅读感是很神奇的，不熟知这门方言的读者可以在了解精彩故事的同时感受满满的方言魅力，熟知这门方言的读者则是能得到一种新的阅读感受，即用方言来读这样的作品感觉才是对的；方言文学作品之于中国语言文化：这样带有浓郁地域特色的文学作品不仅承载中国民间文化，同时也从一个层面体现多元化的汉语文化，其在丰富中国语言文化的同时也使得汉语文化更有魅力。

近年来，随着中国现代化进程速度的不断加快，普通话的推广及普及速度也在随之加快，同时不同地域的方言丢失速度也在逐代增长。所以，关注方言，记录方言，意义非凡。

参 考 文 献

[1] 李劼人. 死水微澜[M]. 成都：四川文艺出版社，2015.

[2] 于根元. 文学作品的方言使用[J]. 语文研究，1983，3（8）：34-39.

[3] 汤朝菊. 方言计量研究及方言计量软件 Gabmap[J]. 中国语音学报，2017（8）：81-90.

[4] Tang，C.，2018. Chinese Dialects: Classification，Methodology，and Preservation [M]. In Boberg，Nerbonne and Watt，（Eds.），*Handbook of Dialectology*. Wiley-Blackwell.

[5] Tang，C. & Heuven，V. J. J. P. van.，2015. Mutual Intelligibility of Chinese Dialects: Predicting Cross-dialect Word Intelligibility from Lexical and Phonological Similarity. In *Proceedings of the 18th International Congress of Phonetic Sciences*, CD-digital [ICPhS XVIII]: ICPHS0377（pdf）Glasgow，UK.

[6] Tang，C. & Heuven，V. J. J. P. van.，2015. Predicting mutual intelligibility of Chinese dialects from objective linguistic distance measures [J]，*Linguistics*. De Gruyter Mouton，53（2）：285-311.（SSCI）.

[7] Tang，C.，2015. Chinese Dialects: Classification，Methodology，and Preservation [M]. In Boberg，Nerbonne and Watt，（Eds.），Handbook of Dialectology,（forthcoming）Wiley-Blackwell Publisher.

[8] Tang，C.，2014. The Use of Chinese Dialects: Increasing or Decreasing? —The use of Chongqing dialect [M]. In Caspers，Johanneke，Yiya Chen，Willemijn Heeren，Jos Pacilly，Niels O. Schiller and Ellen van Zanten（eds.）[Z 189]. Above and Beyond the Segments. Experimental linguistics and phonetics，John Benjamins Publishing Company. Amersterdam, 302-310.

[9] Tang, C. & Heuven, V. J. J. P. van., 1962—1965. Tone as a predictor of mutual intelligibility between Chinese dialects [C]. In: Lee, W. S., Zee, E.(Eds.)*Proceedings of the 17th International Congress of Phonetic Sciences*. 2011. [ICPhS XVII], Hongkong.

[10] Tang，C. & Heuven，V. J. J. P. van.，2010. Predicting mutual intelligibility in Chinese dialects from subjective and objective similarity [M]. In: Berg，M. E.，van den & Xu，D.（Eds.），*Industrialization and the Restructuring of Speech Communities in China and Europe*. Newcastle upon Tyne: Cambridge Scholars Publishing, 91-119.

[11] Wang，C. & Tang，C.，2012. The Falsetto Tones of the Dialects in Hubei Province [C]. In

"*Proceedings of the 6th International Conference on Speech Prosody*". In Ma，Q. W.，Ding，H. W. and Hirst，D.（Eds.），Vol（1）：95-98，Shanghai：China.

[12] Tang C. & Heuven V. J. J. P. van.，2010. Predicting mutual intelligibility of Chinese dialects from objective linguistic distance measures [C]. In: *Proceedings of the 9th Phonetics in China Congress.* Tianjin，P. R. China.（CNKI.）https://openaccess.leidenuniv.nl/handle/1887/28176.

[13] Wang，C. & Tang，C.，2012. The Falsetto Tones of the Dialects in Hubei Province [C]. In "*Proceedings of the 6th International Conference on Speech Prosody*". In Ma，Q. W.，Ding，H. W. and Hirst，D.（Eds.）Vol（1）：95-98，Shanghai：China.

[14] Tang，C. & Heuven，V. J. J. P. van.，2009. Mutual intelligibility of Chinese dialects experimentally tested [J]. *Lingua：an International Review of General Linguistics,* 119（5）：709-732.（SSCI，A&HCI）.

[15] Tang，C.，2009. *Mutual Intelligibility of Chinese Dialects：an Experimental Approach* [D]. LOT（228）. The Netherlands：Netherlands Graduate School of Linguistics ISBN：978-94-6093-001-0. Utrecht.

[16] Tang，C. & Heuven，V. J. J. P. van.，2008. Mutual intelligibility of Chinese dialects tested functionally [J]. In Koppen，M. van，Botma，B.（Eds.）. *Linguistics in the Netherlands.* AVT（25）. 145-156.

[17] Tang，C. & Heuven，V. J. J. P. van.，2007. Predicting mutual intelligibility in Chinese dialects [C]. In Barry，W.，Trouvain，J.（Eds.）*Proceedings：16th International Congress of Phonetics Sciences.* ICPhSXVI：1457-1460. Saarbrucken. www.icphs 2007.de.

[18] Tang，C. & Heuven，V. J. J. P. van.，2007. Mutual intelligibility and similarity of Chinese dialects：predicting judgments from objective measures [J]. In Los，B.，Koppen，M. van.（Eds.）. *Linguistics in the Netherlands.* AVT（24）：223-234.Amsterdam：Benjamins.

[19] Tang，C. & Heuven，V. J. J. P. van.，2006. Predicting mutual intelligibility in Chinese dialects from subjective and objective linguistic similarity[J]. *Interlingüística*,（17）：1019-1028. dialnet.unirioja.es/descarga/articulo/2317748.pdf.

认知诗学与文学研究

栏目主编：邹涛，女，1976年生，博士，电子科技大学外语国学院教授，文学研究所所长，四川省比较文学学会副秘书长。主要研究方向为英美文学、比较文学和叙事学。

“认知诗学视角下朦胧诗的语义‘朦胧性’”一文从显性语义和隐性语义的不同及其关系以及认知的心物随附性出发，对朦胧诗中那些让人费解的表述进行了认知机制分析，从而更好地彰显了诗歌的阐释空间和审美乐趣。“在疯癫与自由的边缘——论《黄色墙纸》中的不可靠叙述及其变化”一文利用不可靠叙述理论，以詹姆斯·费伦提出的判断不可靠叙述的三个轴向划分为基础，分析著名的女性主义短篇小说《黄色墙纸》中的疯癫叙事，揭示为何女主人公精神越发失常话语却越接近真相的原因，彰显出独特的叙事与认知策略，让读者在怀疑中走进女主人公备受压抑的心灵，听到女性主义传递出的反抗之声。

——邹　涛

认知诗学视角下朦胧诗的语义“朦胧性”
——兼论认知诗学对中国现当代诗歌研究的启示

西南民族大学外国语学院　邓　忠

摘　要：本文旨在运用认知诗学的假设和方法，描述并解释朦胧诗的语义“朦胧性”的动因及表现。本文发现，“朦胧性”主要发生在词语搭配层面，可以解读为某些词语意义的隐性内容不被充分识解，因而与其他词语在语义搭配上出现识解障碍，这可以进一步从两个方面解释：（1）显性、隐性语义内容的相邻性；（2）认知的心物随附性。这种对识解障碍的把握为朦胧诗的解读既提供了语义理据，又提供了多维和可推导性阐述的可能。

关键词：朦胧诗；认知诗学；朦胧性；语义搭配

A Cognitive Poetics Inquiry into the Mistiness of Misty Poetry

DENG Zhong
School of Foreign Languages, Southwest Minzu University

Abstract: This paper intends to describe and interpret the mistiness of Misty Poetry (Menglong Poetry) by employing assumptions and methods of cognitive poetics. We find that the mistiness results from the construal inadequacy on the part of the hidden semantic content of certain words, which subsequently leads to barriers to the construal of collocations. This mechanism is further elaborated from two perspectives: (1) the adjacency of manifest and hidden contents of meaning and (2) the supervenience of cognition.

Key words: Misty Poetry; cognitive poetics; mistiness; collocations

1　引言

当前学界对于朦胧诗的研究有以下几个兴趣点：文学价值、美学价值和文化价值，这三大研究兴趣的出发点都可以归结到20世纪80年代学界关于朦胧诗的语义“朦胧性”到底意味什么的讨论中。然而，已有的讨论呈现出一定的粗线条勾勒的特性，关于审美、情感、现代性等问题的讨论印象式居多，而对于朦胧诗的语义“朦胧性”的论述还不够深入，没有对“朦胧性”所关涉的发生机制、发生过程和实现方式进行研究，因此对朦胧诗文学价值和现实意义这一议题的讨论显得同质化、表象化，近十年来没有出现令人信服的新动向和新进展，朦胧诗也渐渐远离人们的研究视野。那么，如何才能把对“朦胧性”的理解往前推进呢？我们认为，认知诗学是一个值得尝试的途径。Aldama 和 Hogan（2014）在《认知文化研究对话录——文学、语言和美学》中明确提出认知科学与文学研究深度联姻、互相服务的观点。他们认为二者的结合是一个双赢的过程，包含文学研究在内的传统学科在认知科学的支持下可以得到进一步发展，同时认知科学也在对传统学科（当然包括文学）的研究中获得自身的提高和优化。他们之所以有这样的看法是因为他们看到认知科学的纽带作用，即人类的一切活动都与认知有关，对认知活动的系统、理性考察具有跨学科的统一解释性。我们认为，这一观点可以作为认知诗学进行“朦胧性”解读的理论基础。Gavins 和 Steen（2003）更是明确指出，文学不是少数人的享乐，而是植根于人类认知体系的、反映日常经验的一种特殊形式。这一论断进一步说明用认知角度去考察文学在本体论和方法论上的优势。落脚在具体的研究个案分析中，两位作者非常看重认知诗学理论和方法的适用性和应用价值，提供了从认知角度重新看待文学问题这一思路的良好研究范例；除此之外，运用认知诗学体现了文学研究对语言本体的一种回归。赵宪章和曾军（2012）对中国文学理论未来走向的谈话中指出语言是文学的质料，但当下的文学研究则离语言越走越远。该文反对这一趋势，认为文学语言仍然应该是研究的重点。我们认同该文的观点，认为对语言本体的关注是文学研究的基础所在：没有对文学语言系统和科学的研究，我们对文学的理解也会受限甚至偏离正确的方向。基于上述这些认识，我们认为，用认知诗学对“朦胧性”进行讨论是合理而有效的，因为这一思路既体现对人类普遍认知原则的科学把握，又关涉这些原则之于朦胧诗这一文学现象在语言层面的投射和操控。

2 解读“朦胧性”

Langacker（2008）认为，意义是概念化的结果，而概念化是指心理经历的任何一个方面，包括对于物质的、语言的、社会的及文化的经历的理解。语言的意义是开放的，百科全书式的，是建立在世界的知识之上的。在他看来，意义由两个部分组成：语义内容（semantic content）和对该语义内容的识解（construal）。就语义内容而言，其本质是世界知识（world knowledge）映射。就识解而言，其本质反映了人们普遍具有而各不相同的认知能力和认知方式。

2.1 语义的显性内容和隐性内容

更进一步看，生活经验和语用经验会使人们倾向于认为一些语义内容成员更具有典型性，而另一些则没那么典型（Taylor 1999）。例如，对于很多中国人来说，“鸟”语义内容中更典型的可能会是燕子、麻雀等，鸸鹋则可能不太典型；“香蕉”语义中典型的内容可能会与口感和味道有关，而不很典型的可能与其他认知情景有关，如把香蕉作为实验对象或进出口商品的时候，“合格”也可以是其语义内容之一，但相较于“可口”则不具有典型性。我们试图把具有典型性的语义内容称为显性内容，不具典型性的语义内容称为隐性内容。语言直觉告诉我们，显性内容的识解相对容易，而隐性内容的识解则相对困难。这一点也得到认知神经科学的佐证。Aldama 和 Hogan（2014）指出，人们的认知结构由两部分组成，一是现象性结构（phenomenological architecture），二是认知神经性结构（neurocognitive architecture）。前者一般关涉对认知对象普遍性、本能性的理解；而后者依赖大脑中不同的功能模块提供深入的、细致的、有逻辑的认知加工。二位作者所说的“普遍性”是指与其他同一言语社团的成员大致一致的处理方式和过程；“本能性”是指不涉及（或很少涉及）推理、虚构、总结、对比等较高层次的认知活动。因此，“普遍性、本能性的理解”可以意指对语义显性内容的识解，这是大多数言语社团成员日常的习惯性的认知特点，几乎不调动认知神经性结构。而对语义隐性内容的识解则需要更大的认知努力，因为这些内容隐藏不具有典型性，涉及显性内容较少涉及的认知域，往往需要调动认知神经性结构。

2.2 “朦胧性”的动因和表现

既然语义内容存在显性和隐性的分野，我们就必须认识识解也可能存在充分与不充分的分野：某一个词语的隐性内容可能被作者充分识解并用于创作，但读者或评论者则未必能掌握这样的语义隐性内容。例如，章明（1980：53）引用《秋》一诗（发表于《诗刊》1980 年第 1 期），批评了“朦胧”的写法，包括如下诗行：

（1）连鸽哨也发出成熟的音调

（2）现在，平易的天空没有浮云

（3）紊乱的气流经过发酵

（4）秋阳在上面扫描丰收的信息

章明先生表示完全无法理解这些诗句到底要表达什么样的意义。他认为：在句（1）中，鸽哨是一种发声器具，很难说它的音调是否成熟；在句（2）中，天空用“平易”来形容，这很稀奇；在句（3）中，气流发酵也难以理解，可能是指气流膨胀；在句（4）中，信息不是一种物质实体，无法被扫描出来。可以看出，章先生主要产生疑惑的地方是词语与词语的搭配，在产生疑惑时，他首先对搭配关系中某一词的语义内容进行识解，再把该词的识解结果与搭配关系的中的另一词一并考量，最终得出晦涩难懂的结论。因为这样的阅读方式是 20 世纪 80 年代分析朦胧诗的常见方式，也是以章先生为代表的很多人批评朦胧诗所依据的理解方式，所以我们将细致考察在这一方式中到底发生了什么，从而解释“朦胧性”到底是什么及其发生动因和过程。

句（1）中，相较于“音调—成熟”，我们推定章先生可能对另两种搭配关系持支持态度。第一，“音调—高（或低）”。这里，“高或低”体现出“音调”物理维度的内容。大胆假设一下，如果作者写道鸽哨的音调很高，那么大致就不会存在看不懂的问题。甚至如果作者在高—低这一连续统上运用各种修辞手段（如鸽哨的音调比珠穆朗玛峰还高），也应该不会特别引起费解。第二，“音调—悦耳（或刺耳）”。此处，“悦耳或刺耳”跟心理感知和审美体验有关。即使作者写出“悦耳的音调沁人心脾”也谈不上晦涩。不难看出，以上这两种搭配关系都调动了“音调”语义百科体系中容易被识解人触及并掌握的内容，而且在语言直觉和语用经验中处于常见范围，所以我们认为这两种搭配都基于“音调”语义的显性内容。然而，在“音调—成熟”这一搭配中，我们认为“成熟”

调动的是“音调”语义内容中的隐性成分，该隐性成分未被读者和批评者充分识解，因而与“成熟”的搭配引起费解。从认知神经科学的角度来看，“音调”的“成熟性”特质需要在认知神经结构中进行处理，而非在现象性的结构中。如果用现象性结构去处理这类语义内容，自然难以得到满意的结果。

基于这样的分析，我们认为“朦胧性”可以这样描述和解释：（1）“朦胧性”出现在某一语言单位（主要是词，也可以是短语）与其他语言单位的搭配关系上，这一搭配关系造成语义理解障碍；（2）语义理解障碍的根源在于（读者）对搭配关系中的特定语言单位的语义隐性内容无法识解（或识解不充分）；（3）识解不充分是“朦胧性”的动因，搭配关系不理解是“朦胧性”的表现。

然而，这样的表述是基于显性与隐性两种语义内容的简单划分（我们还没有严格回答为什么“高”和“悦耳”是“音调”语义的显性内容，而“成熟”是隐性内容），只是表明两种不同的认知结构分别加工这两种语义内容，但还没有回答逻辑上必须回答的两个问题：显性与隐性内容在语义系统中的彼此关系是什么？两者分别有什么样的本质性特征？下文从两个层面回答。

2.2.1 语义内容的相邻性

理解隐性内容和显性内容在语义系统中彼此关系非常重要，因为这可以让我们对某个词语义内容的掌握走出“大脑风暴”式的无序罗列。如在诗歌中读到“母亲”，会有很多语义内容（善良、女性、会缝纫等）被激活，但纯粹罗列出这些语义内容而不追问彼此的关系的话，我们对“母亲”的理解仍然呈现碎片和随意化，对深入分析诗歌的意义不大。针对这一问题，“相邻性”可以给出令人信服的答案。徐盛桓（2008）认为，意义通过“相邻—相似”关系构建起类层级结构，普遍存在于范畴之中。张玮（2014）更明确指出相邻是指非同级而同类，相似是指同级而非同类。由此可见，“悦耳”和“刺耳”是处于相似关系，都用以表征声音给人带来的美感层面的主观感受，两者的边界可以清晰也可以模糊（不同的人可以有不一样的审美标准）。但“成熟”和“悦耳”则是相邻关系：虽然都关乎对声音的主观评价，但两者不在同一个维度上：“成熟”往往用以描述事物是否在性质或状态上达到某一临界点，如果达到，则为成熟。而这种临界点通常有相对明晰和外化的标准。例如：成熟的小麦（其临界点标准为是否可以收割）、成熟的想法（其临界点标准为是否可以实施）等。而“悦耳”则关乎说话人个体性的审美经验，且这一审美经验一般没有明晰和外化的临界点标准。那么，“成熟的音调”这一搭配可以被视为调动“音调”在某一认知域关于临界点的知识，而非简单运用与审美相关的认知域中常见的主观感受性概念。因此，从这个分析可知，某一语言单位的语义显性内容和隐性内容一般处于相邻关系，这两个范畴并不直接互通（虽然有一些边缘化范畴成员），需要一定的认知努力才可以彼此联通，这在一定程度上增加了朦胧诗的理解难度。

2.2.2 认知的心物随附性

在厘清显性和隐性语义内容处于何种关系的基础上，有必要对隐性内容的特质进行更加深入的探讨，从而更为明确地区分显性和隐性语义内容。“心物随附性”（supervenience）

学说可以提供扎实的理论基础。“随附性”最早在 R.M.Hare（1952）*The Language of Morals* 一书中提出，表示道德性质与自然性质的关系，即人的思维与行为与自然的物质性的某种关系；根据徐盛桓（2015：3）的研究，“随附性”的本质源自科学哲学的一个基本理念：事物可按其进化顺序组成类层级结构，高层级事物由低层级事物进化而来；高层级事物以低层级事物为基础，随附于低层级事物，并由低层级事物决定。由此，徐文给出了如下所示。

人的社会属性→（箭头表示“随附于”）心理属性→生物属性→物理属性→化学属性

这一随附历程清晰表明人的社会属性是最高层级的属性。社会属性是由各种社会关系所塑造的人的属性，是区别于人的自然属性的本质属性。将这一哲学命题推及语义内容的把握，我们认为具有社会属性的语义内容是更高级的层级，是语义的隐性内容，随附于具有心理属性的内容，而具有心理属性的内容进一步随附于具有物理-化学属性的内容，心理属性和物理-化学属性的内容都是显性内容。换言之，只有体现社会属性的、直接随附于心理属性的语义内容才是隐性内容，如下所示。

社会属性的语义内容→（箭头表示“随附于”）→心理属性的语义内容→物理-化学属性的语义内容

还是以鸽哨的音调为例，音调的“高亢”与否直接体现音调的物理特质，属于物理-化学属性，为显性内容；音调“悦耳”与否关乎于个体的心理过程或审美体验，不具备社会属性（除非存在有“悦耳”与否的社会性标准），因此也是显性内容；而音调的“成熟”与否则涉及声音的社会属性（比如用声音以实施某一社会职能时，“成熟”为能力合格，“不成熟”为不合格），表达了基于社会关系（而非主观感知）、社会群体（而非个人）的价值判断（而非审美或情感体验）。为了更好地进行对比，表 1 给出语义内容社会属性与心理属性的简明区别（物理-化学属性相对容易判断，此处略去）。

表 1

高层级：语义内容的社会属性（隐性）	低层级：语义内容的心理属性（显性）
基于社会关系	基于主观感知
具有社会所定义的群体性	具有生物个体性
表达价值判断	表达情感或审美体验
通常有社会共同认可性的标准	通常没有社会共同认可性的标准

这样不但深化了上一节有关“相邻性”的讨论，而且明确了什么样的内容才是隐性内容。但这里还隐含一个问题：除了显性、隐性语义内容之外，那些与特定词语不相关的语义内容如果被置于搭配关系之中该如何处理？我们的回答很简单，那就是隐性内容、显性内容可以统称为语义相关内容，它与语义无关内容有本质上的不同，二者构成了相邻关系。这里的相邻关系容易理解，即分属于不同范畴，其典型成员与典型成员之间的区别比较显著。例如，在上文句（2）中关于天空的修饰词，“平易的”属于“天空”的隐性内容，而如果写成“蓝蓝的”或“令人心旷神怡的”天空，则属于显性语义内容进

入搭配，这两者（显性和隐性内容）都是“天空”语义系统相关内容。而假定写成“脑电实验般”的天空，我们认为这就是与“天空”语义系统无关的内容，难以被识解机制准入。这是因为汉语使用者在对“天空”进行概念化加工的过程中，诸如色彩、高度、广度、亲近度等维度与涉身经验和社会经验的相关性较大，而与“脑电实验”没有（或很少）关联性。

3 对现当代诗歌研究的启示

3.1 提供对已有批评的科学回应

虽然在对朦胧诗批评出现的同时早已有各种辩护的声音，但这些辩护大都是出自一种对文坛新现象的宽容和观望态度，后来发展到用传统范式对其诗学及美学价值的探讨，再过渡到论述其作为新生力量的现代性和时代意义。可以看出，这些回应似乎更强调“朦胧诗为什么可以被允许？”而非直接回答“已有批评为什么不尽合理？”那么，我们的分析可以较好地回答这个问题：已有批评不尽合理的根本原因在于当时的评论家太过习惯于语义内容显性成员，而对隐性成员缺乏认知敏感（对无关成员更是难以接受），一旦出现对搭配关系的识解障碍就认为这是莫名其妙、不知所云。当然，这并不是评论家的错，而是一种定式思维和革新思潮的碰撞。朦胧诗人在当时的历史条件下对思想和情感的表达方式是以往少见的，造成接受困难也在情理之中。束定芳（2009：1）的一段文字可以帮助我们更好理解这个问题：

诗歌是表达强烈情感的一种重要方式。强烈的感情往往导致诗人与日常思维不同的概念化过程（想象）。这一概念化过程……当诉诸语言手段时，语言的每一个层面（语音、词汇、语法、文字）的形式部分都可以作为诗人进行雕琢的原材料，以表达相应的情感。

3.2 为现当代诗研究提供思路和方法

著名文论家赛尔登（2000：10）在《文学批评理论——从柏拉图到现在》一书的序言中，提出了关于文学的一些根本性问题，包括（不限于）以下三条。

（1）文学指向或者说对应于某些文本外的现实吗？文学所追求的是什么类型的“真实”？

（2）作者或读者什么样的心理过程可以对文学文本的生产做出贡献？

（3）文学在何种程度上是“自主的”？文本的形式和结构特性是什么？一个文本的结构是确定的还是不确定的？

这三个问题明确把文学和现实的关系摆在突出位置，这是自亚里士多德“模仿”思想之后的一次重要发问。针对“文本外的现实”，上文的“随附性”讨论已经表明，现实是动态变化的，因此作者和读者的“心理过程”也应该跟随现实而动态变化，这才能体现对“文学文本生产”的“贡献”。当作者与读者对于社会现实的认知趋于一致时，文本结构和语义表达稳定性也会变高，文学作品的理解难度降低；反之，则会出现文本结构和语义表达难懂的情况。如唐诗、宋词、明清小说在结构和语义上通常比较稳定，这种确定性很大程度上反映了作者与读者对于社会现实的认知趋同性高；而朦胧诗及其以后的先锋诗歌在结构和意义表述上则没有可观察到的确定性，这从一个侧面表明诗人对于现实的认知与读者与现实的认知出现了差距。这个观点对于朦胧诗及其以后诗歌的研究很有价值：或许批评家的重点不应该仅仅是诗歌看似古怪难懂的语言，也不应该仅仅是语言背后的意象或情感，而应该进一步追问语言及其所体现的认知与现实的关系，尤其是当作者和读者在对现实认知上产生重大差异的情况。

例如，随着后现代主义、解构主义等思潮的兴起，文学创作中出现一些忽视甚至挑战语言和内容理据性的倾向，这集中表现在对词语的选择和应用更大胆、更感性、更具先锋性，语法结构与叙事结构都可以被颠覆。在这样的潮流中，出现了不少比章先生在1980 年所批评的文字更难懂、更晦涩的文字，体现出作者与读者间较大的对世界的认知差异。那么，如何与时俱进去研究这类诗歌？我们主张无论多么艰涩含混的表述都可以用无关、显性和隐性这一组标准去衡量，从而描述其识解充分性、难度及结果，从而为进一步的文学批评提供思路和证据。

3.3 使文学分析多维化、可推导化

我们已经知道，越是认知难度大、需要付出更多认知努力的任务，越可能调动高层级的认知操作机制（Hogan&Aldama 2014）。这意味在朦胧诗和其后的先锋性诗歌的阅读理解中，读者有可能努力寻找某一词语的隐性语义内容（甚至无关语义内容），通过启动与之相联系的认知情景，“说服”自己尽可能地去理解这样的内容，从而使乍一看不可能的搭配成为可能。而在这一过程中，文学分析开始变得多元化和可推导化，这是因为不同认知情景的启动实际上为词语提供了不同的语义来源，而不同的语义来源所关涉的是一个词所表征的不同的概念化过程。当一般情况下不被启动的认知情景被启动的时候，一个词就被赋予一般情况下难以被赋予的语义。例如，在北岛著名的《回答》中有如下诗行：

我来到这个世界上
只带着纸、绳索和身影

在人呱呱坠地这个认知情境下，主要有两个理解难点：（1）“纸”“绳索”“身影”与新生命降临关联性不大；（2）“纸”“绳索”与“带着”通常可以搭配，但“身影”却很难与之搭配。为了理解，读者会启动新的认知情景，从而激活“纸”、“绳索”的隐性语义（甚至无关）内容，从而解决这两个难题。就问题（1），读者可能激活的认知情景是“生命的目的”及“工具服务于目的”。这里，“纸”“绳索”“身影”可以被理解为工具，服务于作者所认为的新生命来到这个世界的目的。就问题（2），相关的认知情景可以是“身影”的客体属性。这是因为“纸”“绳索”都具有客体属性，从而充当动词的宾语，而“身影”是光自然形成的，不需要主语（施事）“带着”就可以自动依附于主语。但在这首诗中，名词的并置使得“身影”成为“带着”的宾语（受事）。那么，“身影”作为被携带的客体意味什么？要回答这个问题就需要读者继续寻找隐性语义内容，如“身影对于作者的重要性”等。在某一认知情景激发另一情景的过程中，新的语义内容自然进入诗歌的分析过程，这样就有可能给予诗歌更充分、更丰富、更具理据性的解读。一言蔽之，启动不同认知情景的过程为作者的表述和读者的理解间架起一座桥梁，这座桥梁的建筑材料是多元而可推导的，多元性体现在认知情景彼此不同，可推导性是指某一认

知情景有可能激发另一认知情景。这样文学分析就可以在多元和可推导性所构成的象域中有序展开，并在展开的过程中逐渐丰富。

4 结语

本文回答了三个问题：第一，为什么运用认知诗学来研究文学问题具有优势？第二，“朦胧性”到底是什么，如何发生和体现的？第三，对“朦胧性”的研究及其研究方法对于文学研究有何意义？我们认为，朦胧诗虽然已经不再是当下中国文坛的弄潮儿，但以认知诗学为理论框架对其进一步深究，可以回答文学研究范式下尚未被满意解答的问题，并为研究中国现当代诗歌提供新的研究课题和可行范式。文学与语言学的深度联姻与互惠互利是今后的一个重要发展方向。

参考文献

[1] Hare R M. , 1952. *The Language of Morals*[M]. Oxford：Oxford University Press.

[2] Hogan P，Aldama F L. , 2014. *Conversations on Cognitive Cultural Studies：Literature，Language，and Aesthetics*[M]. Columbus：The Ohio State University Press.

[3] Gavins J，Steen G. , 2003. *Cognitive poetics in practice*[M]. London：Routledge.

[4] Langacker R. , 2008. *Cognitive grammar*[M]. Oxford：Oxford University Press.

[5] Taylor J R. , 1999. *Linguistic Categorization：prototypes in linguistic theory*[M]. London：Longman.

[6] 拉曼・塞尔登，文学批评理论：从柏拉图到现在[M]. 刘象愚，陈永国等译. 北京：北京大学出版社，2000.

[7] 束定芳. 诗歌研究的认知语言学视角——以汶川地震诗歌现象为例[J]. 外国语文，2009（2）：1-5.

[8] 徐盛桓. 隐喻为什么可能[J]. 外语教学，2008（3）：1-7.

[9] 徐盛桓. 隐喻研究的心物随附性维度[J]. 外国语，2015（4）：2-11.

[10] 章明. 令人气闷的“朦胧”[J]. 诗刊，1980（8）：53.

[11] 张玮. 范畴理论视角下的语篇连贯研究[J]. 外语教学与研究，2014（2）：177-189.

[12] 赵宪章，曾军.现实关怀及其问题——对话中国文学理论未来之走向[J]. 学术月刊，2012（6）：5-12.

在疯癫与自由的边缘
——论《黄色墙纸》中的不可靠叙述及其变化

电子科技大学外国语学院　谢诗阳　邹　涛

摘　要：《黄色墙纸》是美国女作家夏洛特·吉尔曼基于自己因产后忧郁症接受“休息疗法”的经历而创作的半自传性作品，是记录精神病患者“我”从病情加重至完全疯癫的一部狂人日记。本论文以詹姆斯·费伦提出的判断不可靠叙述的三个轴向划分为基础，分析《黄色墙纸》中精神病患者叙述和隐含作者表意在事实/事件轴，价值/判断轴和知识/感知轴上的不一致，论证小说中叙述不可靠性的判断依据及其变化，揭示为何女主人公精神越发失常话语却越接近真相的原因。我们发现，精神病患者叙述和隐含作者表意在三个轴向上逐渐重合，小说经由不可靠叙述者之口来暗示隐含作者“离经叛道”的女性主义呐喊，从而逃离当时社会的道德审判。

关键词：《黄色墙纸》；夏洛特·吉尔曼；不可靠叙述；詹姆斯·费伦

On the Verge of Madness and Freedom
——Analysis of the Unreliability and Its Change in *The Yellow Wallpaper*

XIE Shi-yang，ZOU Tao
School of Foreign Languages，University of Electronic Science and Technology of China

Abstract: *The Yellow Wallpaper* was a semi-autobiographical novel，which was written by the American author Charlotte Gilman according to her own experience during a “rest therapy” for her postpartum depression. And it is a diary of a madman that recorded a mentally ill people’s insanity process. From the perspective of James Fhelan’s three axes of the narrative，this paper analyzes the inconsistency of the mental patient in *The Yellow Wallpaper* and the

---

作者简介：谢诗阳（1993—），女，四川眉山人。电子科技大学外国语学院硕士研究生，研究方向：英语语言文学；邹涛（1976—），女，湖南邵阳人。电子科技大学外国语学院教授，博士，硕士研究生导师，研究方向：英美文学、叙事学，比较文学研究。

implied author，testifying the narrator's unreliability in the fact/event axis，the value/judgment axis，and the knowledge/perception axis. At the same time，this paper gives a further discuss about the change of the unreliability，probing into the reason why the heroine's spirit is getting more and more abnormal and getting closer to the truth—the unreliable narrator's narrative and implied author table is intended to coincide gradually along the three axes. Through the unreliable narrator's mouth to imply the implied author's“deviant”cry，thus escaping the moral judgment from society.

Key words: *The Yellow Wallpaper*; Charlotte Perkins Gilman; unreliable narration; James Fhelan

1 引言

《黄色墙纸》（1892）是夏洛特·吉尔曼最著名的挑战社会尺度的半自传作品。小说以第一人称叙述的方式展现了一位不幸患上产后抑郁症的女性接受医生丈夫的“休息疗法”，（Gilman，1998：15）被限制行动空间后病情越发严重直至完全疯癫的故事。小说线索明为“色彩让人觉得反胃”“一种肮脏的焦油一样的黄色”（杨晓照，2017；5）墙纸，实为来自以丈夫为代表的父权社会的身心压制。小说自 1892 年出版以来，国内外专家学者对该文本进行了多种分析，从女性主义特征到话语与权力的关系、哥特式表述风格到精神分析实质、翻译美学到译介与接受背后的规范机制等等。在我国，从叙事学角度进行分析的有胡泓的《浅论夏洛特·P. 吉尔曼〈黄色糊墙纸〉的叙述风格》（2002），徐冻梅的《〈黄色糊墙纸〉的叙述策略》（2004）和郑文静的《叙事符号的反叛——解读〈黄色墙纸〉的叙事策略》（2009）等。他们通过分析文本中的反传统叙述、框架与能指符号，揭示了夏洛特对传统创作模式的解构与对女性文本方式的建构所体现的女性主义呼声；肖向阳在《我们是如何相信一个“疯女人”的述说的?——论〈黄色墙纸〉的叙事技巧》（2009）中运用“疏离型不可靠性”和“亲近型不可靠性”等概念，探究小说中不可靠叙述者的叙事伦理，分析其话语的不可靠性，但论述停留在分析层面，最终归宿也是社会伦理道德诉求。而本论文将进一步探讨《黄色墙纸》中叙述不可靠性的判断标准及发展变化。

“不可靠叙述”最早由韦恩·布斯在其著作《小说修辞学》（1961）中提出。他认为，只有当叙述者的行动和话语皆和文本中隐含作者的范式一致时，该叙述者才是可靠的。也就是说，布斯尤为关注的是文本叙述者和隐含作者之间的距离。赵毅衡（2013）指出，通过采用有限的第一人称视角，隐含作者想要叙述者传达的信息和隐含作者向读者暗示的信息在叙述者和隐含作者之间产生了差异分歧。费伦（2005：49-53）不仅注意到隐含作者、叙述者和读者之间的关系，还在布斯的基础上给出了对不可靠叙述的系统分类：错误的报道和不充分的报道（事实/事件轴）、错误的判断和不充分的判断（价值/判断轴）、错误的解读和不充分的解读（知识/感知轴）。而不可靠叙述的判断轴向划分最终于他和玛丽·帕特里夏·马汀合作完成的《威茅斯经验：同故事叙述、不可靠性、伦理与〈人约黄昏时〉》中被正式提出。费伦（2007：222-238）认为，文本叙述者应当在事实/事件轴，价值/判断轴和知识/感知轴三个轴向上发挥三个作用：传递人物、事实、事件信息；对人物、事实、事件做出判断评价；阐释解读人物、事实、事件，从而产生不同的不可靠性。

不可靠叙述者往往有四种：流浪汉、孩童、小丑和精神失常者（Hansan 2007：227-246）比如马克·吐温笔下的小男孩哈克，因为他对自己认识和判断的不充分，他的话语是谦虚甚至自贬的，在读者看来是不可靠的（申丹，2006）。《黄色墙纸》借精神病患者之口来叙述，显然是不可靠的，但小说中叙述的不可靠性是有张力的。接下来，笔者将分别探讨小说中叙述者在三个轴向上的不可靠性及其动态变化。

2 事实/事件轴上的（不）可靠性

布思（1961）指出，在读者发现叙述者对事件的叙述不可靠时，即与隐含作者对真实事件的洞察不一致时，往往产生反讽的效果。作者是该效果的发出者，读者是接收者，而叙述者就是嘲讽对象。叙述者叙述中的这一设定的缺陷给读者带来阅读的快感。在《黄色墙纸》中，“我”对房间中的黄色墙纸这样描述：“有些地方有笨重的血红色印记，另一些地方染着疾病一样的硫黄色。”（杨晓照，2017：5）布思（1961：159）认为，“按照作品规范（即隐含作者的规范）说话和行动的叙述者称为可靠的叙述者，反之称为不可靠的叙述者。而隐含作者就是区别于“有血有肉的作者”（Fhelan 2007：12）的第二自我，其思想规范就是事件、人物、文体、语气、技巧等体现出来的伦理、信念、情感等各方面的标准，因此当叙述者的叙述受其心智等影响而与隐含作者相悖时，他的叙述就是不可靠的。从“血红色”“染着疾病一样的硫黄色”到“那墙纸仿佛明白自己有什么罪恶的侵袭”，（杨晓照，2017：6）到只有“我”能看到的墙纸后面“畸形的、虚幻的抽象图形”，（杨晓照，2017：7）最后到“我能肯定那里躲着一个女人”。（杨晓照，2017：9）在一个精神出现问题的女人眼里，黄色的墙纸是丑陋的、病态的，而在一个正常的读者看来，它只是一壁普通的黄色墙纸。所以，“我”，一位患有产后抑郁症的女性，对黄色墙纸消极甚至病态的事实描述是不可靠的。这期间对墙纸“意图”的揣度是荒谬的，现实中的墙纸没有生命更没有思想，任何一位正常的读者都很难认可叙述者在这里的描述。但“我”对事实描述的不可靠呈现出的荒诞性恰恰反映了“我”深受丈夫专制性的爱的压迫，体现了（隐含）作者对丈夫为代表的父权统治的看法，同时，作者也是希望和读者分享这一看法，所以“我”对事实的描述虽未能正确反应黄色墙纸的真实面貌，但在深层意义上却与作者达成共识，因此，笔者认为，更精确来说，这一事实描述可归为契约型不可靠。（Fhelan，2007：222-238）小说中也充斥大量契约型不可靠叙述。

精神病患者由于其精神的特殊性而在所见所闻上与常人相异，具有不确定性、凌乱性、失真性等特点。这些特点使“我”对客观世界的真实再现受到巨大的影响，因此呈现出事实/事件轴上的不可靠。随着“我”疯癫的加剧，“我”甚至将黄色墙纸的色彩和背后的只有“我”看得见的东西具象化。墙纸背后的女人提醒“我”小心墙纸的油污弄脏衣服，随后“我”还看见女人在敲打墙纸，甚至到后来一个女人变成了无数女人，冲破墙纸，四处爬动。读者能够轻易判断这些“事实描述”是荒唐的、不可靠的。小说中大篇幅叙述者对事实的错误报道不得不让人怀疑小说最后一句“我”的话里丈夫的晕厥事件是否真实，丈夫到底是因惊吓过度而晕厥，还是仅仅是丈夫形象在“我”失真的脑海中轰然倒塌？笔者更偏向于后一假设。在小说末尾，叙述者彻底疯癫，其叙述背后隐含作者实际想要传达给读者的信息也彻底和盘托出，即父权统治下女性所受的巨大压抑需要得到释放，丈夫形象的倒下象征叙述者渴望挣脱传统父权股掌，重塑自我，这一价值观是经由不可靠叙述者之口来暗示的隐含作者“离经叛道”的呐喊，恰恰也因为叙述者身份的不可靠性，这一呼声得以逃离当时社会的道德审判。

3 价值/判断轴上的（不）可靠性

作为四类最主要的不可靠叙述者之一，《黄色墙纸》中的“我”对于自我的判断很多时候是自贬的，同时“高度赞扬”医生丈夫的“职业理性”，以及他对“我”的无微不至的照顾。尤其在“我”还没完全疯癫时，“我”的自我陈述是真诚却具有误导性的——真诚是在于“我”陈述的发自内心，而误导性则在于陈述的准确性有待甄别，即“我”的话语在价值/判断轴上是不可靠的。

在传统父权占统治地位的社会里，女性的地位岌岌可危，甚至是没有地位的，而更为可悲的是，这种妇道观不但被男性视为理所当然，也被大多数女性奉为伦理纲常，“完美而古道心肠的家庭主妇，对家庭主妇一职甚至十分满意”（杨晓照，2017：7）的丈夫姐姐就是一个典型代表。“我”，一方面不断说服自己做一个贤内助，另一方面又发自内心排斥这样一个布偶身份，因而产生愧疚心理，不断将问题归咎于自己，加重自贬心理。为了减轻负疚感，“我”不仅在话语中进行自我贬低，还在行动上进行自我压抑。尽管“我”不赞成丈夫的休息疗法，有自己的思考，渴求多些社交活动和刺激的事，但当时社会规约下的“我”被判定为是无法独立做出正确决策的，在被两种相悖的想法折磨得神经衰弱的情况下，“我”强迫自己否定了个人能独立做出正确判断的能力，并附和丈夫站在父权制高点俯瞰而得出的结论——即自己的思考是令人痛苦的幻想。对于丈夫“没有特殊指导，他是不会让我到处走动的”等专断的安排以及关于床和窗户的建议等，“我”一味肯定，判定为“他很细心，也算爱我”“他是对的”“他十分爱我”。（杨晓照，2017：5-8）尽管作为叙述者的“我”在言语上通过自我否定来拔高丈夫形象，但也正是因为“我”的示弱，丈夫洗脑式的思想禁锢一步步得以展现。读者旁观式的眼光不难从小说大篇幅的丈夫关怀行为中解读出隐含作者的价值判断：（1）丈夫强势、专制、自私、自我，将自认为对妻子好的一切安排强加于妻子身上；（2）妻子是他的所有物，他所做的更多是在维护自己对所有物品的控制力，以巩固自己的家长地位。即使“我”表面的价值判断与隐含作者内含的价值倾向背道而驰，隐含作者想要与读者共享的信息与“我”的不可靠判断形成反讽，但又能在被读者解读后得到修正，这些共享信息修正了“我”的不可靠判断，不仅引导读者与隐含作者达成共识，还强化了隐含作者的价值判断。

小说中的“我”虽说是狂人，但个人在价值/判断轴上的（不）可靠性是动态变化的。“我”走向彻底疯癫的过程是叙述者“我”与隐含作者价值判断趋于一致的过程，也是真实的自我挣脱礼教走向解放和自由的过程。随着癫狂症的加重，“我”越发认可自己对丈夫等人的判断：“他有时候看起来很古怪，简妮也经常目光游离。”“约翰最近越来越古怪。”“他向我询问各种问题，还假装关切爱护的样子。别以为我看不穿他！”（杨晓照，2017：9-11）“我”的判断虽充斥疯言疯语的特点——尖锐、偏激，却一针见血，借狂人之口将隐含作者的价值判断和盘托出。“我”在价值/判断轴上（不）可靠性的变化过程中，黄色墙纸充当了尖锐控诉的中和剂，“我”将丈夫和其他人的怪异归咎于黄色墙纸的影响：“我偶尔就寻思——仅仅作为科学的假设——这也是墙纸作的孽！” “不过，他古怪也并非没有原因，毕竟他也在这墙纸下睡了三个月的觉”。“墙纸只让我感兴趣，但不能否认，约翰和简尼也受到它的影响”（杨晓照，2017：9-11）……“我”的不可靠判断逐渐与隐含作者的价值判断重合，对父权统治的反叛声音越来越大，最终，反讽只停留在归咎于黄色墙纸这件事上。隐含作者不仅借此逃离当时的社会道德审判，又因为前面大量价值/判断轴上的不可靠叙述，最后才补充修正，修正无效，成功通过叙述者的不可靠价值判断传递了争取女性地位的声音。

4 知识/感知轴上的（不）可靠性

小说中的叙述者情绪消极压抑，因此叙述带有很大的主观性，在感知层面自然容易情绪化；更甚的是，“我”以一位患精神疾病的女性身份出现，并逐渐走向彻底疯狂，精神的失常带来感官的扭曲——从察觉黄色墙纸的“诡异”到透视墙纸背后的魅影再到目击满屋的女人，从视觉上嫌恶墙纸的色彩和纹路到嗅觉上难忍其“黄色的气味”再到触觉上与墙纸里爬出的活物进行肢体接触，随着病情不断加深，“我”的感知从失误到失效，知识/感知轴上的不可靠性不断加强到全然幻觉。

判断不可靠性的三轴里，知识/感知轴是最直观的一个轴向，感知层面上的不可靠间或影响事实/事件的陈述和价值/判断的选择，从而影响事实/事件轴和价值/判断轴上不可靠性的变化。小说开篇时，“我心中的幽灵有些不安，虽然害怕，但我不在乎，我能察觉这屋内的异样”。（杨晓照，2017：5）对屋内异样的感知源于“我”心中的幽灵，隐含作者在此提醒了读者，叙述者在感知轴上的判断是个性的，而非共性，叙述者个人精神状态导致感知轴上的不可靠性。随着病情发展，“我”的幻觉也越发严重，“那里仿佛有一个女人弯着腰，躲在图案背后爬行。我害怕，我希望约翰尽早带我逃离这里！”（杨晓照，2017：8）“我”能察觉这屋内的异样，但由于两点原因，“我”无力对自己察觉异样的原因进行充分判断：（1）“我”是一个狂人而非常人，“我”的精神状态不允许；（2）“我”是一只父权牢笼里的金丝雀而非思想独立的知识分子，“我”的知识水平不允许。由于凭借一己之力，“我”无法纠正感知上的不充分解读，在数次求助丈夫无果之后，得不到纠正的不充分解读导致“我”在感知轴上的错误判断，本属于正常人在视觉上的感受——黄色，“我”却在嗅觉上感受强烈——“黄色的气味”。在隐含作者的层层铺垫下，叙述者在知识/感知轴上荒诞不经的判断直奔一件事，就是将墙纸背后只有“我”看得见的女人解救出来。黄色墙纸上无序的线条在“我”看来，是“藏在墙纸后面的那个莫名之物似乎在敲打着墙纸”，最终“我”恍然大悟——“她要爬出来！”（杨晓照，2017：8）这一判断既是一个双关又是一个转折：双关在于，“她”既是墙纸背后欲求挣脱禁锢的鬼魅，又是以叙述者或者说隐含作者为代表的渴求从传统父权压抑下解放的女性；转折在于，在这一判断里，叙述者与隐含作者在感知轴上的表意暗中会和，破译后的读者开始重新斟酌对叙述者感知不可靠的判断。

在小说后面的篇章中，“我”开始用行动来协助墙纸背后的女人出逃，即撕掉墙纸，并且最终成为她们之一，和她们一起在房内匍匐爬行。叙述者在知识/感知轴上的失真却在感情倾向上与隐含作者趋于一致，即寻求女性在身心两方面一定程度的解放——从墙内到房内，争取女性有条件的独立话语、独立思考、独立选择的权利，与隐含作者的思想产生共鸣，借狂人诳语隐射隐含作者与世格格不入的观点。

5 结语

根据布思的定义，小说中的“我”是一位精神病患者，属于不可靠叙述者。不可靠叙述者“我”在没有意识到自己叙述不可靠性的情况下，精彩演绎了个人叙述在三个轴向上（不）可靠性的变化，一方面符合读者的接受速度，循循诱导，使读者毫不突兀地在叙述者荒诞的话语中洞察并接受隐含作者想要传递的信息；另一方面，精神病患者叙述和隐含作者表意在三个轴向上逐渐重合，狂人叙述与隐含作者观点暗中相观照，在向读者传达隐含作者有悖传统的女性主义观点的同时，巧妙地规避了来自父权体系的公开道德审判。夏洛特・吉尔曼（1913：271）在谈及创作《黄色墙纸》时说“它（该小说）并不意在逼疯人们，而在使人们避免被逼疯，并且它起作用了。”“我”作为一个被逼疯的女性，越发癫狂的同时，判断却越发贴近事实，叙述在三个轴向上与隐含作者表意趋于一致，恰恰是这样的反讽成就了夏洛特的女性主义反叛。

不可靠叙述“归根结底，还是叙述者的感知和表达、隐含作者的意图（文本的暗示和线索）以及读者的参与和识别这三方的共同作用的结果”（陈俊松 2010：58）。在《黄色墙纸》中，结尾处的“我”在父权体系的范畴内被定义为彻底疯癫，而在呼求女性权利的层面，“我”取得了相当胜利，得益于“我”的特殊身份，作者夏洛特・吉尔曼也巧妙地规避了来自父权社会的道德拷问；同时，不可靠叙述者亲眼所见的丈夫之倒下，或虚或实，看似当下的痴人说梦，实则可期的一语成谶。这样动态的（不）可靠性获得了复合效果，成就了作品表面的不可靠性和内在的真实性的张力。

通过上述分析，我们意识到詹姆斯・费伦关于不可靠叙述轴向的三分法对于解释不可靠性很有帮助；同时，我们发现三分法在实际操作过程中存在重叠的可能性，即三轴的划分边界是波动的、相互影响的。纽宁（Booth 1961）认为，由于判断范式标准的变化，叙述的（不）可靠性是变化的。申丹（2006）则进一步指出，由于这三轴向的功能有同时或连续发生的可能，所以三种轴向上的不可靠性有同时存在或因果联系的可能性。本研究为申丹和纽宁的上述观点提供了很好的例证，有利于完善和修订费伦的三轴划分理论，同时提醒了当代学术研究中对理论的借鉴运用是灵活的参照，而绝非范水模山。

参 考 文 献

[1] 陈俊松. 再论“不可靠叙述”[J]. 天津外国语学院学报，2010（1）：55-60.

[2] 胡泓. 浅论夏洛特・P. 吉尔曼《黄色糊墙纸》的叙述风格[J]. 华中科技大学学报（人文社会科学版），2002（3）：107-110.

[3] 申丹. 何为不可靠叙述[J]. 外国文学批评，2006（4）：133-143.

[4] 肖向阳. 我们是如何相信一个“疯女人”的述说的？——论《黄色墙纸》的叙事技巧[J]. 语文学刊，2009（15）：5-7，15.

[5] 徐冻梅.《黄色糊墙纸》的叙述策略[J]. 上饶师范学院学报，2004（4）：92-95.

[6] 杨晓照. 黄色墙纸[J]. 雪莲，2017（7）：4-12.

[7] 赵毅衡. 再现不可靠及其纠正[J]. 西南民族大学学报（人文社会科学版），2013（6）：194-200.

[8] 郑文静. 叙事符号的反叛——解读《黄色墙纸》的叙事策略[J]. 河南理工大学学报(社会科学版)，2009（1）：101-104.

[9] BOOTH W C. , 1961. *The Rhetoric of Fiction*[M]. Chicago：University of Chicago Press.

[10] FHELAN J. , 1996. Narrative as Rhetoric：Technique，Audiences，Ethics，Ideology[J]. *Virginia Quarterly Review*，（1）：12.

[11] FHELAN J. , 2005. *Living to Tell About It*[M]. Ithaca：Cornell University Press.

[12] FHELAN J. , 2007. Estranging Unreliability，Bonding Unreliability，and the Ethics of Lolita[J]. *Narrative*，15（2）：222-238.

[13] GILMAN C P. , 1913. Why I Wrote 'The Yellow Wall Paper'[J]. *The Forerunner* Oct，（4）：271.

[14] GILMAN C P. , 1990. *The Living of Charlotte Perkins Gilman-An Autobiography*[M]. Madison：University of Wisconsin Press.

[15] GILMAN C P. , 1998. *The Yellow Wallpaper*[M]. London：Palgrave.

[16] HANSAN P K. , 2007. Reconsidering the Unreliable Narrator[J]. *Semiotica*，（165）：227-246.

翻译研究

栏目主编：何立芳，女，1967年生，博士，电子科技大学外国语学院教授，翻译与跨文化研究团队负责人。主要研究方向为翻译学、典籍翻译和海外汉学。

面对当今日新月异的社会和文化变革，翻译所呈现的形式越来越多样化，再加上翻译的对象是言语而不是语言，译者翻译的是言者个人的东西，是在一定语境中有意义指向的语言，因而翻译所能起到的作用早已不再局限于语言层面，这为翻译爱好者提供了多重研究视角。本期收录的6篇论文集翻译研究多元化为一体，既有从哲学层面对翻译理论的思考，也有从语篇层面研究具体的翻译现象，包括科技英语翻译、莎士比亚十四行诗译创、成都市景区标识语日语翻译，还有从翻译模式角度探索不同模式对翻译实践的有效性，甚而有学者选取一具体作品进行评译注，真可谓百花齐放、百家争鸣，为我们重新认识新时代的翻译理论与实践提供了多维认知视角。

——何立芳

从模因论解读科技英语翻译中的歧义和模糊

电子科技大学外国语学院　胡　军

摘　要：准确是科技英语的重要特征之一，但在很多情况下，科技英语中也可以使用模糊语言。本文基于模因理论，把模糊语言学和模因论结合起来，通过分析语言模因在科技英语翻译解码和编码过程中的作用，找出造成歧义和模糊的原因和正确区分科技英语中的歧义和模糊方法，举例说明了在科技英语翻译中应该怎样避免歧义和如何正确处理模糊语句，对进一步弄清科技英语语篇的真实含义，提高翻译质量进行了较深入探讨。

关键词：科技英语；歧义；模糊；模因

The Study of Ambiguity and Fuzziness in the Translation of EST from Meme Aspects

HU Jun
School of Foreign Languages，University of Electronic Science and Technology of China

Abstract：Though precision in its usage is one of the most important characteristics of English for Science and Technology（EST），fuzzy language is often used in many expressions. Based on the "Meme" theory，combining with fuzzy linguistics，this paper focuses on the reasons of ambiguity and fuzziness through analyzing the encoding and decoding language meme in EST translation. Furthermore，it presents the way to avoid ambiguity and translate the fuzzy expressions with examples in order to make clear the true meaning of the discourses and improve the quality of translation.

Key words：EST；Ambiguity；Fuzziness；Meme

1　科技英语中的模糊语言

语言作为一种交际工具，方便和准确是其基本要求。但在日常生活中，如果两者不能同时具备，人们就会不自觉地优先选择方便，这就导致日常用语的不完整性和不准确性，其中，大部分的不准确可以通过受者的经验、语境或上下文得以正确理解，只有少部分会引起误解。因此，在日常用语中含混现象是大量存在的。

和日常英语不同，科技英语一般要求语言精确、严密，表述事实客观，能正确反映科学技术的发展和研究成果。但客观事物本身是复杂的，在数量上没有穷尽，在性质上各有特点而且不断变化。这就决定了科学研究只能是一定程度和一定时空的研究，因此，描述科技研究的科技语言也常常具有一定的概括性和不确定性。（韩琴 2007：6）

目前，在国内外很多文章中，这种不确定性常常被定义为“歧义”（ambiguity）或“模糊（fuzziness）”，事实上，这两个概念并不等同。1965 年，美国加利福尼亚大学教授L.A.Zadeh 在 *Information and Control* 上发表了一篇题为 Fuzzy Sets 的文章，从而创立了模糊语言学。在该文章中，作者第一次提出 “模糊集”的概念和理论。Zadeh（1965：338）指出：“模糊集合是其成员隶属度构成一个连续集的所有成员组成的一个类。在传统的集合论中，每一个集合的成员要么属于它（隶属度为 1），要么不属于它（隶属度为 0）。但对现实的自然界中碰到的对象进行分类时，经常会找不到精确判定其归属的根据。”模糊语言是指模糊性在实际语言运用中的表现，在我国，伍铁平先生的《模糊语言学》堪称国内模糊语言学的奠基之作，他对语言的模糊性以及模糊和歧义的区别与联系进行了深入的探讨。伍铁平（2002）认为，语言的模糊性不同于语言的歧义或含糊不清，它是语言使用的不确定性，指语言中词语表达的中心意义明确，但词语所指范围是不确定的。

2 模因论与科技翻译

模因论建立在达尔文进化理论基础上，“模因”一词也是仿基因（gene）而来，由Richard Dawkins在1976年所著的《自私的基因》（The selfish Gene）中首次提出，在“gene”一词的基础上，Dawkins去掉“mi”（希腊字根，意为“模仿”）取名为“Meme”。Dawkins认为，“Meme” 是由一个个体（人或动物）传给另一个个体的认知或行为模式（cognitive or behavioral pattern），它存在于个体的记忆中，并用类似基因般的复制方式来传播人类思想文化，在语言层面，模因被认为是语言发展传递的一种模式。在我国，以何自然教授为主的学者对模因的研究较多，何自然先生率先提出语言模因的观点，并从语言模因复制和传播的途径、传播的方式以及研究语言模因的意义等几个方面入手，对语言模因进行了探讨。

在相同的语言文化背景下，模因的传播主要是靠模仿，但在跨语言文化交际中，翻译则为传播的主要载体。由于翻译看似是把一种语言符号转换成另一种语言符号的过程，实质是译者把原作者的思维转化成自己的思维再通过另一种语言表达出来的过程。这种思维的转化即是模因的“传染”。因此，模因也可以通过翻译来传播。

理论上最早将语言模因论与翻译相结合的是切斯特曼（Andrew Chesterman），Chesterman（1997）把有关翻译活动以及翻译理论的概念或观点统称为翻译模因（Translation Memes），他从语言认知的角度，把认知模因翻译策略分为八个主要模因，即：词语（Words）、神谕（The Word of God）、修辞学（Rhetoric）、逻各斯（Logos）、语言学（Linguistic Science）、交际（Communication）、目标语（Target）、认知（Cognition）。在这八个模因基础上，他又着重讨论了五个高级的翻译模因（super memes）：源语目标（source target）、对等（equivalence）、不可译性（untranslatability）、意译 / 直译（free-vs-literal）、书写即翻译（all writing is transiting）。这五个高级认知模因翻译策略表明由原文取向转化到译文取向的过程。

在科技翻译中，所需翻译的科技文献即源语语言模因，译者首先根据自己的现有认知解码源作者的语言模因，并进一步同化到自己的知识体系中，之后译者作为主体把同化后的语言模因用目标语语言模因重新编码并表达和传播给读者，读者再在自己的认知体系上进行解码，进一步传递给他人。其过程如图1所示。

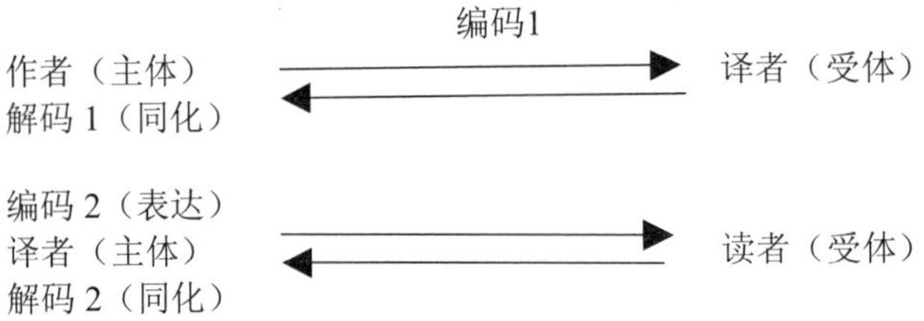

图 1

3 模因论与模糊语言学中“模糊”“歧义”

认知机制在语言模因形成和传播中起着重要作用。通过人的认知和经验，语言模因被模仿、复制、组合，从而创造出新的词汇、句子、段落，形成人与语言的互动。语言模糊性源自人类的认知心理，是人类思维的产物。（张红深，2016：160）语言在输入和输出大脑时，普遍存在模糊化现象：人脑思维往往要以模糊的逻辑方式，在受授语言时，对它进行再处理才能促成意义的实现。因此，模糊语言作为一种强大的复制因子，其本身就是模因。但歧义和模糊作为语言模因有着不同的传播机制。

伍铁平（2002）认为，歧义（ambiguity）是指句子可以表达多种意义，而这些意义之间又无多大的语义关联现象。而模糊性是描写性语言的一种特性，模糊本身是一个概括性的词语，包括语言表达的不确定性（indeterminacy）和或然性（probability）等。

在语言中，歧义是指语句的部分或全部具有两个或多个意义的现象。即对某些词、短语或句子如果可以有不止一种理解，这些语言形式就存在歧义。

如下面这个句子：

例（1）The high pressure turbocharger system is also an important part of **heavy** engines.

[误译]高压涡轮增压器系统也是**重型**发动机的一个重要组成部分。

[正译]高压涡轮增压器系统也是**重油**发动机的一个重要组成部分。

不少人把“heavy engines”错译成 “重型发动机”。此处的歧义是因为“heavy engines”一词多义，在某些情况下有“重型发动机”的意义，误译者在翻译时没有考虑上下文和专业背景，从模因论的角度，即译者根据原有的知识体系不能正确地解码源语语言模因，因而导致目标语编码上的进一步问题。

模糊是指某些概念的应用范围无法精确地划出界线的现象。下面仍以 heavy 为例：

例（2）South China：August 21 to 23，most of the region will have showers or thundershowers，normally being light to moderate with **heavy** rain possible in some places.

8 月 21—23 日，中国南方的大部分地方有阵雨或雷阵雨，其中大部分地区有小到中雨，局部可能有大雨。

此处的 light、moderate、heavy 三个词都是形容雨量的，虽然气象部门对降雨强度的划分有一定的标准，但小雨和中雨之间，中雨和大雨之间划分的标准是不完全确定的，在实际操作中也有一定的模糊界限。因此，这三个词在这里是模糊词语。这种情况译者如果要正确解码，一方面需要具备相关的专业知识和语言知识，另一方面，翻译的质量主要取决于能否用目标语正确的编码和表达。

以上例子可以看出，歧义和模糊来源不同和特性也不一样，两者有着本质的区别。根据 Chesterman 的理论，在翻译模因库中存在大量的翻译模因，这些模因有两种产生形式，即等值和等效（语义和语用方面）。每一种模因既可复制和继承以前的模因，同时，它在复制和传播过程中也可能会产生一定的变异，形成信息上的增加或减少。因此，这是一个动态而非静态的传播过程。（何自然，2005：54）下面我们以科技英语为载体，从模因论的角度来分析“歧义”和“模糊”在科技翻译领域中的不同。

3.1 科技英语中的歧义表达及翻译

根据目前语言学界的标准，歧义可以分为“词汇歧义”和“语法歧义”。

3.1.1 词汇歧义

“词汇歧义”（Lexical Ambiguity）是指由于对句子中某一词的意义有不同的理解而产生的歧义。英语词汇来源复杂，一词多义和一词多性的现象本来就非常普遍，而科技英语词义内涵较广，同时大量使用复合词、缩略词及新词，加上常用词汇专业化，这就导致科技英语翻译中的词汇歧义现象一直较多。

比如 power 一词，最常规的解释是“能力，力量，动力，权力”，但在不同的专业领域，它的含义截然不同。法律英语中，译为“委任权（状），（授权的）证书”；在数学中译为“乘方，幂”；在机电领域译为“动力，机力，功率，电力，电源，能（量），发动机，生产率等”；在光学中译为“光强，放大倍数（率）”。如果译者对专业背景不了解，就很容易造成对源语语言模因的错误解码，从而引起误译。

下面的几个例子均是科技英语翻译中由于词汇歧义而引起的误译。

例（3）In **Australia** salt can even be taken from a “**salt bush**”.

[误译]：在澳大利亚，人们甚至从“含盐的灌木丛”中制取盐。

译文中，“含盐的灌木丛”一词令人十分费解，这是译者对“bush”一词望文生义而引起的误译。其实 bush 的含义不仅限于灌木，在《*Oxford Advanced Learner's Dictionary*》中，bush 还有另外的含义，即：wild，uncultivated land，with or without trees or bushes，esp. in Africa and Australia。由此可见，该译文有两处错译，一是 Australia 不是澳大利亚国家，而是澳洲；二是 salt bush 不是含盐的灌木丛，而是含盐的荒地。所以，在消除歧义之后，正确的翻译应该为：“在澳洲，人们甚至从‘含盐的荒地’中制取盐。”

再来看另外一个例子：

例（4）A movement of a chemical substance by the expenditure of energy through **a gradient**（as across a cell membrane）**in concentration** or electrical potential and opposite to the direction of normal diffusion.

[误译]：化学物质借能量之力穿过集中或带电势的坡度（如细胞膜），与正常的滤渗方向相反。

该句中 concentration 是一个多义词，有“集中；浓缩；浓度；精选”等含义。译文用“浓缩”一义；gradient 也是一个多义词，有“坡度；梯度；斜坡”等意思。因此，译者把“a gradient in concentration”译成“集中的坡度”，让人很难理解。事实上，“a gradient in concentration”在化学中是指“浓度梯度”或“浓度差”，即在细胞膜内外的溶液间存在的不同浓度。这是由于译者缺乏专业知识，不能确切把握词汇的科学含义，因而译名选择不当或不符合规范。因此，该句应该译为：“消耗能量可使化学物质通过浓度梯度或电位梯度（如在细胞膜的两侧），并向正常的滤渗方向反向运动。”

一个翻译是否准确，某种程度上可视为源语模因能否比较完整地转化为目标语言模因。在语义层面，即通过寻求最佳等值或等效翻译模因来实现源语模因和目标语模因语义上的一致。译者在例（3）中把“salt bush”误译为“含盐的灌木丛”以及在例（4）中把“a gradient in concentration”误译成“集中的坡度”，均是由于译者在解码 1 和编码 2 过程中采用不等值的翻译模因，使源语模因在语义上没有成功转型为目标语模因所致。

3.1.2　语法歧义

“语法歧义”（Grammatical Ambiguity）是指由于对句子中的句法结构有不同的理解而产生的歧义。科技英语中由于大量使用复合结构和各种限定性修饰短语，常出现从句套从句，从句带短语等错综复杂的现象，从而很容易引起歧义。

例（5）Like a liquid a gas has no shape，but unlike a liquid it will expand and fill any container it is put in.

[原译]：气体和液体一样没有形状，但又不同于液体，气体膨胀时会充满任何盛放它的容器。

原译者把“it will expand and fill any container it is put in”译成“气体膨胀时会充满任何盛放它的容器”。他把谓语动词 expand 当作时间状语来处理，成了气体充满容器的时间或条件。实际上，expand 和 fill 是并列的两个动作，所以这句话应该译为：“气体和液体一样没有形状，但又不同于液体，气体会扩散并充满任何盛放它的容器”。

例（6）A limited number of non-convertible coatings which offer certain very attractive features have long been in use，as exemplified by the spirit varnishes（shellac，manilla）and the bituminous varnishes，but such materials fall far short of the ideal in more than one of the several respects.

[原译]：具有某些非常引人注目特性的有限数目的非转化性涂层，例如醇溶性清漆（虫胶清漆、马尼拉清漆）和沥青清漆，长期以来已被人们使用，但此类涂层在若干性能指标方面还远不够理想。

从该译文来看，译者从词义上是忠实于原文的，但此译文给人的总体印象却比较混乱。这是由于虽然译者能正确解码源语语言模因，但在目标语编码 2 过程中存在问题，造成翻译模因的语用不等效。其实几个分句间的逻辑关系应该是：非转换性涂层因有某些引人注目的特性而为人们长期使用，但它品种有限，性能也不太理想。因此，为了消除该译文的语法歧义，翻译的时候就不要拘泥于原来的结构顺序，可以译为：“非转化性涂层有醇溶性清漆（虫胶清漆、马尼拉清漆）和沥青清漆，尽管这种材料具有某些非常引人注目的特性而为人们长期使用，但它们品种有限，而且在上述若干性能指标方面也远不够理想。”

例（5）、例（6）在语法结构等各方面虽然容易让译者产生理解和翻译上的误解从而引起歧义，但只要译者具有较宽广的专业知识和深厚的语言功底，结合原文上下文的内容和逻辑关系，正确解码源语和编码目标语，使源语模因得到传播并产生等效语用功能就可以确定其确切含义，消除歧义，使译文更加准确。

3.2　科技英语中的模糊表达及翻译

尽管科技英语本身的特点决定了其语言表达要准确，语体风格要严谨。但在实际运用和翻译实践中，为了避免主观和武断，使内容更客观，表达更符合实际，作者和译者也常常使用模糊语言。翻译是用一种语言来表达已用另一种语言表达出来的思想，它涉及两个方面：一是对一种语言的正确理解；二是用另一种语言来准确表达。尽管英汉两种语言都存在模糊性，但两种语言的模糊性不尽相同。下面我们就主要探讨在模因翻译理论指导下模糊语言在科技英语及其翻译中的运用。

3.2.1　原文模糊译文模糊

英汉两种语言的模糊性虽然有其差异，但这并不妨碍这两种不同语言之间的直译。事实上，在有些情况下，尤其是在作者可能是有意使用模糊词语时，我们可以采取模糊对等翻译，即用一种语言的模糊词语去翻译另一种语言的模糊词语

例（7）An object which is placed in the sunshine becomes hot，and heat causes **most** materials to became **slightly** bigger--that is，to expand.

放在阳光下的物体会被晒热，而热能使**大多数**材料**稍微**变大，也就是发生膨胀。

“most”和“slightly”都是模糊表达。在这里，为了符合客观实际，表示并不是所有材料都有遇热变大的特性，“most”被翻译成“大多数”，而“slightly”是对其变化程度的一个限定。

例（8）The transport service is similar to the network service，but there are also some important differences. The main difference is that the network service is intended to model the service offered by real networks，warts and all. Real networks can lose packets，so the network service is **generally** unreliable.

传输服务与网络服务类似，但是两者之间也有一些重要的区别。最主要的区别是，网络服务企图如实地按照实际网络所提供的服务来建立模型。由于实际网络可能会丢失报文，所以网络服务**一般来说**是不可靠的。

模糊词语 generally“一般来说”，使本来比较绝对的论点变得更为客观和科学，使语言更有说服力，提高了可信度。

例（9）**Some have raised the question** as to whether fluorides were possibly the cause of the disease.

有人已提出疑问：氟化物是否可能是引起此病的原因。

在科研过程中，有时会通过模糊词语来说明得出的观点或结论。在例（8）、例（9）中，译者能正确解码源语语言模因，使翻译模因在语义上能等值传播。同时，在目标语编码过程中用模糊的词语准确传达原作者的模糊含义，使翻译模因在语用上也达到等值效果，避免了论断过于武断和绝对。

3.2.2 原文精确译文模糊

由于英汉两种语言的差异所在，有时候可以在不影响理解的基础上，灵活处理。比如，在一种语言中用的是语义精确的表达式，而在翻译时却可根据具体情况，译为模糊词语，即化精确为模糊。

例（10）It is **two and two makes four** that the corporal punishment administered by the defendant was minimal，and not excessive

很明显，被告所施加的体罚属最低限度而并未过当。

例（11）“two and two makes four”是确切词语，这里被翻译成模糊词语“很明显”。

This thesis has been cited **a hundred times**.

这篇文章被引用**无数次**。

此句中的“a hundred times”是精确词语表达模糊意义，翻译的时候就直接用模糊词语“无数次”。

在例（10）、例（11）的翻译中，如果要使翻译模因在语义层面上等值。“ It is two and two makes four”应该翻译成“二加二等于四”；“a hundred times”应翻译成“一百次”。但这样的翻译却造成语用上的不等效，并没有准确传达作者的真实思想。而译文“很明显”和“无数次”，虽然看似是一种非对等的语义模因复制，但在语用层面上却是等效模因的传播，从而对其宿主产生相似的感染，对译文读者产生相似的效果。

3.2.3 原文模糊译文精确

有时，原文中用模糊的表达式，翻译时化模糊为精确，使原文的隐性意义变为显性意义，使译文更为清晰，明朗。

例（12）This means that diesel shunter can work continuously right round the clock，if necessary，and that main line diesels can be rostered to continuous runs lasting for well over **a day**.

也就是说，内燃调车机车能够不分昼夜连续运行。如有必要，干线内燃机车连续运行时间可大大超过**一昼夜**。

如果把“a day”直接翻译成“一天”，受汉语影响，“一天”可理解为仅仅指白天，这和前面的“right round the clock”有冲突。因此，我们翻译为“a day”的最大语言外延“一昼夜”。

例（13）This brief tour will **get your feet wet**. By the time you acquaint yourself with Windows 10 here，you will be prepared for the everyday work.

简短的浏览使你**初涉门径**。等你熟悉了 Windows 10 以后，你就为每天的工作做好了准备。

如果将“get your feet wet”直译成“打湿你的脚”，难免会让读者感到迷惑，所以我们需要做更进一步的说明，道破其内涵。

在例（12）和例（13）的翻译中，从源语到目标语的转化同样是一种非对等的复制和扩散，译者没有简单地在语义上追求等值模因，也不仅仅只在目的语中寻找和源语言信息功能相似的模因，如把“a day”简单译为 “一天”；“get your feet wet”直译为“打湿你的脚”，而是结合上下文，从语言、文化、风格上将原文模因加以提炼和规范，从而提取出最佳模因，减少或消除了与源语文本的偏差。

4 结束语

综上所述，语言的精确性总是相对的、有条件的。歧义的存在会影响正常的语言交流，因此，歧义在实际语言交际中是应该尽量避免的；而模糊性是语言本身的一种特性，是绝对的，普遍的，是不可能消除的。Alston（1971：90）说：“通常当我们想使某一措辞更精确时，结果往往是，我们用来消除其模糊的词语本身就是模糊的，虽然也许能减轻其模糊程度或在另一个不同的方面产生模糊。”由于翻译本身就是不同语言文化模因的交汇、变异和发展，语言模因的传递不仅是语言解码，还包含文化、科技发展等其他因素的感染。因此，源语和目标语之间的模糊和精确不一定是一一对应关系，译者必须考虑读者对译文解码（二次解码）时所受的目标语及文化和其他因素的影响。模因论给我们提供了一个新的角度，使我们能够更全面更客观地分析和研究语言文化现象，在科技英语翻译过程中不会错误地排斥模糊性，片面追求精确性，遵从目标语的语言文化习惯及传统，适当地运用模糊语言，从而准确地把作者的思想传递给读者。

参 考 文 献

[1] 韩琴. 科技英语特点及其翻译[J]. 中国科技翻译，2007（3）：5-9.

[2] 何自然. 语言中的模因[J]. 语言科学，2005（6）：54-64.

[3] 何自然. 语言模因及其变体的应用[J]. 新疆师范大学学报，2016（2）：132-139.

[4] 伍铁平. 模糊语言学[M]. 上海：上海外语教育出版社，2002.

[5] 张红深. 英语语篇模糊性的认知原理[J]. 外国语言文学，2016，33（3）：3 158-166.

[6] ALSTON，WILLIAM. P. , 1971. Philosophy of Language[M]. Amsterdam：North-Holland Publishing Company.

[7] ANDREW CHESTERMAN，2012. Memes of translation：The spread of ideals in translation theory[M]. Shanghai：Shanghai Foreign Language Education Press.

[8] L. A. ZADEH，1965. Fuzzy Sets [J]. Information and Control，8（3）：338-353.

[9] L. A. ZADEH，1972. Quantitative fuzzy semantics[J]. Information Sciences，（3）：159-176.

[10] RICHARD DAWKINS，2016. The Selfish Gene：40th Anniversary Edition[M]. London：Oxford university press.

中国文学“走出去”之译介主体模式探索

——以鲁迅作品初期日译本为例

电子科技大学外国语学院　廖莉平

摘　要：关于中国文学走出去的译介主体模式，学界一般分三类：中国本土译介主体模式、海外华人译介主体模式和国外汉学家译介主体模式。鲁迅作为中国现代作家的杰出代表，其作品在日本的译介经历了 90 多年的风雨，至今热度未减。本文梳理了鲁迅作品在日本从初期的默默无名到后来的家喻户晓的建构进程，挖掘其译介主体模式的特征，提出了国外汉学家+译入语国具有代表性作家合译的译介主体模式。

关键词：中国文学走出去；译介主体模式；鲁迅；佐藤春夫

A Study on Translator Model for Chinese Literature Going out：An Example of the Early Japanese Translation of Lu Xun's Works

LIAO Liping
School of Foreign Languages, University of Electronic Science and Technology of China

Abstract：It is widely acknowledged that there exist three translator models for Chinese literature going out，respectively，native Chinese translator model，overseas Chinese translator model，and foreign sinologist translator model. Lu Xun is a well-renowned writer in modern China，and translation and dissemination of his works has undergone nine decades without decline even until now. This paper aims to explore the constructive process of their translation and dissemination from obscurity to popularity in the early period in order to single out some characteristics of translator models. Furthermore，this paper proposes such a translator model as a cooperative translation by foreign sinologist and representative writer of target culture.

Key words：Chinese literature going out；translator model；Lu Xun；Haruo Sato

1　引言

近年来，随着中国文学“走出去”话题的升温，有关中国文学如何有效地“走出”

国门的探讨一直未曾停歇。2012 年年底，第一位中国籍作家莫言获得诺贝尔文学奖，引起国内外读者对其作品的关注，也引发了国内学者围绕翻译对中国文学、文化走出去的影响和作用等问题的广泛讨论。学界普遍认为，莫言的成功，译者功不可没（王宁 2014），由此有关译介主体探索也成为研究的焦点之一。（如胡安江，2010、2012；张倩，2015 等）

研究相关译介主体模式的文献资料，不难发现，研究者所探讨的外译作品的对象国几乎都投放到英语世界，不仅如此，有学者明确提出“让中国文学、文化走出去（其实质首先是希望走进英语世界）”。（谢天振，2014：8）笔者无意在此深入展开讨论，仅想借鲁迅的日译本所取得的成功之道尝试探索出一种新的译者模式，为中国文学走出去提供一些有益的思路与方法。

在日本，鲁迅是被翻译得最多，并且拥有最广泛拥趸的中国现代作家。借助日本佛教大学李冬木的话来讲，从第二次世界大战后至今“被陆续译介到日本的作家在内，就普及和深入程度而言，没有任何一个作家可与鲁迅比肩。”（李冬木，2014：27）笔者认为，对鲁迅日译作品的译介模式的深层次讨论，反而比英译作品的译介模式更具代表性与说服力。20 世纪 20 年代，相对于欧美文学以及日本文学，中国文学处于弱势地位。在这样的历史背景下，鲁迅作品能在日本落地生根、开花结果，并经历 90 多年的风雨，依然能保持很高的热度，单凭此点，就有探讨其译介模式的必要性。限于篇幅，本文仅对译介主体模式作为关注焦点，重点探讨鲁迅作品初期日译者的特征以及他们对鲁迅作品在日本的传播所起的作用。

2 鲁迅在日本的接受和传播

李冬木说：“鲁迅在日本的存在，可以用三个词来概括，即长期性、深入性和普及性。”（李冬林，2014：24）这“三性”充分概括了鲁迅作品在日本的特色。

一般人认为在日本首次关于鲁迅的介绍起源于日本的汉学家青木正儿（戈宝权，1978：323），他在 1920 年的《支那学》第十一号上高度评价了鲁迅及《狂人日记》，称赞“鲁迅是位有前途的作家”，（戈宝权：323）并且还说此作品“踏进了迄今为止中国小说家还尚未达到的境地”。（戈宝权：323）不过根据东京大学藤井省三教授的考证，早在 1909 年，日本政教社杂志《日本及日本人》第五百零八号的“文艺杂事”专栏中介绍了周氏兄弟及《域外小说集》。（藤井省三，1980）此书出版后仅在两个月之内就发出的这篇报道，不仅是对鲁迅，而且也是“海外对中国现代文学动态的最早镜像”（李冬木，2014：24）。关于鲁迅作品的日译本，又据原东京大学中文系教授丸山昇的研究，在日本最早的译本是《故乡》，发表在 1927 年 10 月杂志《大调和》第 1 卷第 7 号上，译者未署名。（丸山昇，2000：50）此后，鲁迅作品的日译本相继出现在日本的各类杂志上。20 世纪 30 年代，虽然已有《鲁迅全集》《大鲁迅全集》在日本出版，可 20 世纪 60—80 年代仍相继有《鲁迅选集》（1956）《鲁迅文集》（1976—1978）《鲁迅全集》（1984—1986）出版。时至今日，鲁迅的全部作品都早已在日本多次出版，重译和新译依然纷至沓来。

至于鲁迅作品在日本的深入性和普及性，笔者简单地罗列以下数据便可窥得一斑。

（1）世界首篇《鲁迅传》是由中国小说研究者增田涉所做，1932 年 4 月发表在日本的杂志《改造》上。

（2）世界首部《鲁迅传》出自于小说家、翻译家小田岳夫之手，1941 年 3 月由筑摩书房出版。

（3）世界上第一部以鲁迅为题材的小说是作家太宰治的《惜别》，于 1945 年 2 月由朝日新闻社发行。

（4）《故乡》作为中国现代文学，从 1953 年开始编入日本中学国语教材中。

有趣的是，有关鲁迅研究的种种“第一”并非我国研究学者缔造，而是由邻邦日本的学者创建。而且在过去长达 60 多年的岁月里，《故乡》一直被日本中学生所阅读，（濑邊啓子，2015）要说日本中学生对中国现代文学的认识始于《故乡》也不为过。

其实，鲁迅作品在日本的普及至少可以追溯第二次世界大战之前。

根据大江健三郎在北京大学演讲的《真正的小说是写给我们的亲密的信》以及《大江健三郎口述自传》中的回忆，他第一次听到鲁迅这位大作家的名字及其作品，是他 9 岁到 10 岁的时候从父亲那里听到的。大江出生于 1935 年，也就是说在 1945 年之前，他对鲁迅就有所接触。在他 12 岁升入中学时，妈妈送给他的礼物就是《鲁迅选集》。（许金龙，2009：30-31）关于其中的细节，大江本人以及他的研究者，比如许金龙等已有详细的介绍，在此不做赘述。而笔者所重点关注的是在日本四国的一个偏僻农村，在那个年代，他的父母亲就知道鲁迅。根据大江的表述，他的父母亲还不仅仅停留在知道的程度，而是对鲁迅作品几乎是了然于胸。如上所述，鲁迅的翻译作品最初在日本发表是 1927 年，也就是说不到 20 年的时间，完全只靠书本传阅的那个时代，鲁迅的作品就已远播至日本偏远农村，仅此，其作品在日本的深入与普及就不言而喻。

3　鲁迅作品日译之译介主体模式

研究界一般把译介主体模式分为三个模式：①中国本土译介主体模式；②海外华人译介主体模式；③国外汉学家译介主体模式。（鲍晓英，2014：44）在这三种模式中，中国学界一方面认同汉学家在中国文学外译中所发挥的巨大作用，并十分推崇国外汉学家译介主体模式；另一方面又认为国外从事中译外的汉学家人数毕竟有限，单靠汉学家的力量是难以胜任中国文学走出去这项庞大艰巨的任务。因而近年来，普遍认为中西合译译介主体是最为理想的译者模式。（胡安江　胡晨飞 2012；鲍晓英，2013 等）

不过本文所探讨在日本出版的鲁迅日译作品都是由日本人所承担，是否就能简单地把鲁迅日译作品的译介主体归纳为上述的第三类呢？这未免显得简单粗暴。但若有不同，不同点又在哪里？这些不同之点是否对中国文学“走出去”译介主体模式有进一步的启发？

其实鲁迅日译作品的最早译介主体是他弟弟周作人。在 1922 年 6 月，周作人把鲁迅的短篇小说《孔乙己》翻译成日语并发表在日本人在中国出版的日文刊物《北京周报》上。在这之后，本为翻译家的鲁迅自己也尝试着把自己的作品《兔和猫》译成日文发表在同一刊物上。可见鲁迅日译作品的最早译介主体兼备了上述的第一类与第二类的特征：翻译在中国进行，刊物在中国出版具有第一类的特征；周氏两兄弟虽然在 1922 年身居北京，但是他俩长期留学日本，与海外华人具有相同的特征，即具有较强双语能力，深谙日语和日本文化，能够用日文进行写作，这具有第二类译介主体的特征。

如前所述，在日本本土，鲁迅的日译作品最早出现在1927年。鲁迅日译本在日本首先是由一位无名氏在武者小路实笃主办的《大调和》上发表，作品名为《故乡》。据丸山昇的考察，从1928年左右开始，《鸭的喜剧》《白光》《孔乙己》等相继翻译出版，其中，《阿Q正传》日译版首次亮相于日本是1929年11月，由井上红梅翻译，改题为《中国革命畸人传》，发表在文艺市场社出版的《奇谭》上。（丸山昇，2000：52）1931年9月，松浦珪三翻译了《阿Q正传》，在《译者序》中他写道："在作者的作品中，迄今为止被译成日文的，除了作者自己动手译成日文的《兔与猫》以外，这是第一部。"（丸山昇，2000：53）由此可见，上面提到的所有日译作品，不用说日本的一般读者，即使是像松浦珪三这样的学者也是知之甚少。此阶段的译者具备了上述第三类的特征，即国外汉学家译介主体模式。

1931年10月，山上正义翻译了《阿Q正传》，11月，增田涉翻译了《鸭的喜剧》。根据1931年3月3日鲁迅寄给山上正义的书信，可知山上的译本是在鲁迅监修下进行的。（鲁迅，2011：265-273）而增田涉作为鲁迅的关门弟子，从1931年3—12月在上海一直受到鲁迅的照顾和指导。《鸭的喜剧》的日译本正好发表于其留学中国期间，不言而喻他是得到鲁迅翻译辅助的。这个时期鲁迅日译本的译介主体可视为学界主张的最理想的模式：中外合译译介主体模型。中国的本土译者不仅精通中国文学翻译和日语，而且还是原著作者本人，这应该是中外合译中最为理想的译介主体模型。

让人甚感遗憾与意外，这些译作并没有打响鲁迅在日本的知名度。究其原因主要有如下几点。第一，从明治维新后，日本文坛从未以正常的心态关注过中国现代文学。第二，翻译作品数量有限。第三，译者本身不具有影响力。从1932年1月5日鲁迅写给增田涉的书信可以看出，对该阶段的翻译状态，鲁迅本人也有所觉察。1931年8月20日，增田涉在中国完成《鲁迅传》的创作之后，为刊登此篇文章四处奔波，由于是无名新人而被《改造》《中央公论》两大综合杂志所拒。关于此事鲁迅在书信中说这不是增田文章的原因，而是由于自己"并非锋头人物"。（鲁迅，2011：7）

在此阶段，鲁迅的代表作虽已翻译成日文，也有翻译作品在日本大型杂志上发表，但并未能引起日本读者的广泛关注。这一现象从1932年1月开始有所变化。1932年1月，佐藤春夫在日本著名刊物《中央公论》上发表了鲁迅的短篇小说《故乡》的日译本，并且在译文后的「原作者に関する小記」（《关于原作者小记》）中详细地介绍了鲁迅。

佐藤春夫是何许人也？对日本近现代文学稍作了解就会知道，他是活跃于日本大正和昭和时期的著名诗人、小说家、评论家。与他有关联的作家有大众比较熟悉的川端康成、谷崎润一郎、太宰治等。然而，这样一位日本文坛巨星又是如何变成鲁迅作品日译者的呢？

首先，明治时代后的日本，虽在各个方面都仿效欧美，但对中国传统文化的推崇从未停止过。这个时代的日本作家，不仅具有丰富的欧美文学修养，而且深受中国古典文学的熏陶，其中有不少作家，如：川端康成、佐藤春夫，虽然不懂中文，但还是会参与翻译出版中国古代典籍活动中去。1929年，佐藤编译了中国古典诗集《车尘集》，这是日本近代以来第一部中国古典诗歌编译集。（齐珮，2014：87）对于一位中国古典文学造诣颇深的日本作家来讲，编译中国的古典文学也许不是一件难事，但要翻译像《故乡》这样的白话文难度却是非常大的。正如他自己在翻译鲁迅的《故乡》和《孤独者》的时候》文中所说：最初是通过英译本读的《故乡》，并对照原文进行了翻译。”“靠半拉英语半拉汉语的阅读力干了一个人的翻译活儿。”（丸山昇，2000：51）

像佐藤这样一位从未翻译过中国现代文学的日本作家，为何在 1932 年突然想到翻译鲁迅的作品呢？要解开这个谜底，我们就必须重新回到前文所述的增田涉了。

增田涉，1903 年出生于日本岛根县八束郡惠云村，读完松江中学和松江高校后，考入东京帝国大学，成为当时执教该校的佐藤春夫的学生。在高中时代，增田非常热衷翻阅佐藤关于中国的作品，受其影响，渐渐地迷恋上中国文学。在大学学习中文过程中，他觉得既然自己学习了中国文化，中国到底是一个什么样的国家，他想亲眼看看（增田涉，1948：16）。于是在 1931 年 3 月，手执老师佐藤春夫写给上海内山书店的内山完造的介绍信来到上海，通过内山完造与鲁迅相识相知。在与鲁迅的交往中，逐渐被鲁迅的学识及人格魅力所吸引，由此产生了“向日本传达如今中国有这样的一位人物”（藤井省三，2017：157）的想法。世界上首篇《鲁迅传》便由此产生。1931 年 8 月，《鲁迅传》付梓，增田将它寄给佐藤春夫，佐藤读后深受感动，回信到：“即刻通读了一遍《鲁迅传》，余以为甚是有趣，但也并非是有趣，若是说感受到了鲁迅先生的伟大可能更为贴切。”（藤井省三，2017：157）此时恰逢前述松浦圭三译的《阿 Q 正传》出版，立刻读之，“致以最大的敬佩之情，幸之共处同一时代，感叹不幸乃身处异地无能拜访，只能羡慕您的幸福之处，……无论如何，请向先生转达小生万份敬仰之意”。（藤井省三，2017：157）如果说在阅读《鲁迅传》之前，佐藤对鲁迅有一定的了解的话，最多也是基于周氏兄弟翻译的《现代日本小说集》和一些关于鲁迅的评论。佐藤对鲁迅真正地了解和关注应该说是从阅读《鲁迅传》和《阿 Q 正传》开始的。

增田 1931 年 12 月回国，在这之前，他是否给日本国内的杂志投过稿，笔者不敢妄言，但是根据上述 1932 年 1 月 5 日鲁迅的书简来看，在回国之前就已投稿的可能性很大。佐藤不会不知道自己的爱徒投稿处处碰壁的状况，他也深知一个无名的新人撰写一位弱势国家作家的传记在日本的大型杂志上发表是何等之困难。他有义务要让日本的国民知道，在邻国有这样一位作家写出像《故乡》这样杰出的作品，于是他产生了亲自翻译《故乡》的念头。

佐藤不仅翻译了《故乡》，而且在译文后附加了《关于原作者小记》，毫无疑问此篇小记佐藤多半参照了增田涉的《鲁迅传》。（此内容不在本文探讨的范畴，故此省略）关于佐藤翻译的《故乡》，仍从前述 1 月 5 日的书简中可知，鲁迅是知晓的。他说：“佐藤先生在《〈故乡〉译后记》中虽尽力介绍，但又怎么样呢？”（鲁迅，2011：7）鲁迅对佐藤的介绍到底能起到怎样的作用，并没有抱太大的希望。但是同年 4 月，改造社的《改造》不仅刊登了增田的《鲁迅传》，而且在同月的“特别号”的《最新世界人名辞典》中收编了鲁迅的人名。同年 11 月改造社又出版了《鲁迅全集》（井上红梅译）。毫不夸张地说这一切若没有佐藤春夫在这之前所做的铺垫工作，这些作品和译作是否能在 1932 年出版还是一个未知数。丸山昇曾这样评价佐藤的《故乡》日译本在日本发挥的作用：

それが、すでに第一線の作家として地位を確立していた佐藤春夫によって、代表的総合雑誌『中央公論』に翻訳されたことの持った意味は大きかった。これ以後、鲁迅の名は、ようやく日本の文化界に知られるようになった。(经由早已确立了一流作家地位的佐藤春夫，在具有代表性的综合杂志《中央公论》上发表，这具有重大的意义。从此以后，鲁迅的名字终于被日本的文化界所知晓)。（丸山昇，2004：94-95）

如果说佐藤的《故乡》日译本是鲁迅文学介绍的第一个转折点，那么 1935 年 6 月由他与增田涉共同翻译，并且由著名的岩波出版社出版的《鲁迅选集》则是鲁迅文学介绍的第二个转折点。据增田涉所述，此书畅销“约十万部”，由此可见在日本的影响之大、之广。前述的大江健三郎从他母亲那里所获得的初中升学贺礼《鲁迅选集》，应该就是其中的一部。

相对于增田涉、井上红梅等译者，佐藤春夫只能算是一位中国文学的爱好者，在《鲁迅选集》中，佐藤的译作也只收录了他之前发表在《中央公论》上的《故乡》和《孤独者》两篇，但因他的加入，对鲁迅在日本普通大众广泛传播所起到的关键性作用，我们是不能忽视的。

4 结语

河南大学文学院教授王立群老师在中国诗词大会第三季第二场曾说，天下的名楼很多，但为何只有鹳雀楼、岳阳楼、滕王阁、黄鹤楼被大家所熟知？他指出一座楼要想成为名楼，一定要有名作，有名作意味它有文化，它有历史。同样，优秀的中国现代文学作品有很多；在日本，由优秀的汉文学家翻译的中国现代文学作品也很多，但为何只有鲁迅的作品被日本的普通读者所熟知？笔者认为一部作品或作家要想在译入语国打响名气，除了需要优秀的翻译家、知名的出版商，如果能有译入语国具有影响力的作家的加入，更能达到事半功倍的效果。这不仅是“自己人效应”的结果，（水淼，2009；鲍晓英，2014）而且由知名作家参译的作品更能为本国读者所信赖和接受。

综上所述，鲁迅的日译作品的初期译介主体不仅经历了前述的三种译者模式，而且通过《鲁迅选集》日译本在日本所取得的成功，我们可以看出译介主体的最理想模式是：国外汉学家＋译入语国具有代表性作家合译的方式。这种译介主体模式即使放在当下，相对于发达国家的文学，地位仍处于弱势的中国文学，特别是中国文学刚走出国门的最初阶段是行之有效的。

当然我们必须承认，作为邻国并深受中国文化影响的日本从古至今都有一批非常出色的汉学家，以及热衷于中国文化、文学的作家。而受到地理位置，经济文化差异影响的欧美国家，汉学家、热衷于中国文化、文学的作家几乎是凤毛麟角，故在译介主体模式方面，译入语国具有代表性作家的选择存在一定的局限性。因此，本文所提出的中国文学走出去的译介主体模式，特别是弱势文化走进强势文化的初期阶段，汉学家与译入语国代表性作家的合译模式权作一种新思路、新尝试，旨在抛砖引玉，启发出更多更好的译介主体模式。

参 考 文 献

[1] 鲍晓英. 中国文化“走出去”之译介模式探索——中国外文局副局长兼总编辑黄友义访谈录[J]. 中国翻译，2013（5）：62-65.

[2] 鲍晓英. 中国文学“走出去”译介模式研究——以莫言英译作品美国译介为例[D]. 上海外国语大学，2014.

[3] 鲍晓英. “中学西传”之译介模式研究——以寒山寺在美国的成功译介为例[J]. 外国语，2014（1）：68-74.

[4] 戈宝权. 青木正儿论鲁迅[J]. 社会科学战线，1978（1）：322-326.

[5] 胡安江. 中国文学“走出去”之译者模式及翻译策略研究——以美国汉学家葛浩文为例[J]. 中国翻译，2010（6）：10-16.

[6] 胡安江，胡晨飞. 再论中国文学“走出去”之译者模式及翻译策略——以寒山诗在英语世界的传播为例[J]. 外语教学理论与实践，2012（4）：55-61，54.

[7] 李冬木. 从鲁迅到莫言——中国现代文学在日本[J]. 东岳论丛，2014（12）：23-36.

[8] 鲁迅. 鲁迅全集[M]. 井上红梅译. 东京：改造社，1932.

[9] 鲁迅. 鲁迅全集[M]. 相浦杲等译. 东京：学习研究社，1986.

[10] 鲁迅. 鲁迅选集[M]. 增田涉、竹内好等译. 东京：岩波书店，1964.

[11] 鲁迅. 鲁迅文集[M]. 竹内好等译. 东京：筑摩书店，1978.

[12] 鲁迅. 大鲁迅全集[M]. 佐藤春夫、增田涉等译. 东京：改造社，1937.

[13] 鲁迅. 鲁迅大全集（5）（创作编 1929—1931）[M]. 武汉：长江文艺出版社，2011.

[14] 鲁迅. 鲁迅大全集（6）（创作编 1932—1933）[M]. 武汉：长江文艺出版社，2011.

[15] 齐珮. 佐藤春夫与中国古典闺秀诗——以《车尘集》的编选为视点[J]. 日语学习与研究，2014（3）：87-94.

[16] 水淼. 超越你的不快乐[M]. 北京：崇文书局，2009.

[17] 王宁. 翻译与跨文学阐释[J]. 中国翻译，2014（2）：5-13.

[18] 谢天振. 中国文学走出去：问题与实质[J]. 中国比较文学，2014（1）：1-10.

[19] 许金龙. “始自于绝望的希望”——大江健三郎文学中的鲁迅影响之初探[J]. 鲁迅研究月刊，2009（11）：30-52.

[20] 张倩. 中国文学走出去的飞散译者模式探索——以童明英译木心短篇小说集《空房》为例[J]. 外语教学，2015（3）：105-109.

[21] 瀬邊啓子. 日本中学国语课本里的《故乡》[J]. 鲁迅研究月刊，2015（11）：36-46.

[22] 大江健三郎. 真正的小说是写给我们的亲密的信[N]. 翁家慧译. 文汇报，2009-01-22.

[23] 大江健三郎. 大江健三郎口述自传[M]. 尾崎真理子采访、整理，许金龙译. 北京：新世界出版社，2008.

[24] 佐藤春夫. 原作者に関する小記（关于原作者小记）[J]. 中央公论，1932（1）：169-183.

[25] 藤井省三. 日本介绍鲁迅活动的最早文字[J]. 复旦大学学报，1980（2）：91-92.

[26] 藤井省三. 鲁迅与佐藤春夫——两位作家间的互译与交往[J]. 林敏洁译. 社会科学辑刊，2017（3）：155-158.

[27] 增田涉. 鲁迅の印象[M]. 东京：大日本雄弁会讲谈社，1948.

[28] 丸山昇. 日本的鲁迅研究[J]. 靳丛林译. 鲁迅研究月刊，2000（11）：48-64.

[29] 丸山昇. 鲁迅・文学・歴史[M]. 东京：汲古書院，2004.

语言哲学研究方法对翻译研究的启示

电子科技大学外国语学院　刘雄姿

摘　要：语言哲学与翻译研究分属不同的学科，但由于语言哲学将语词和语词的意义问题作为核心议题之一，故与翻译研究多有交叉。从目前各自的发展阶段看，语言哲学当然可为翻译研究提供直接的理论资源借鉴，但当下翻译研究的核心问题并不在理论资源的匮乏，而在于研究方法的缺陷。在这方面，语言哲学的研究方法更有助于翻译研究的良性深入，包括理论阐述的自洽性、对概念内涵的共识和同一律的遵守。

关键词：语言哲学；研究方法；翻译研究；自洽性；概念共识；同一律

Insights of Philosophy of Language's Research Methods on Translation Studies

LIU Xiongzi
School of Foreign Languages, University of Electronic Science and Technology of China

Abstract: Philosophy of language and translation studies belong to different disciplines, but since philosophy of language takes words and their meanings as one of its two core research topics, its research overlaps with translation studies in a lot of fields. Assessed from their present developing phrases, philosophy of language can definitely provide direct theoretical resources to translation studies. However, the most serious problem concerning present translation studies is not the lack of theoretical resources, but flaws in research methods. In this regard, philosophy of language can help promote the advance of translation studies, including the self-consistency of the theoretical statement, the consensus on the connotation of concepts and the obedience of the law of identity.

Key words: philosophy of language; research methods; translation studies; self-consistency; consensus on the connotation of concepts; the law of identity

1　语言哲学与翻译研究

自 19 世纪末开始，西方哲学研究发生了“语言转向”，语言哲学成为 20 世纪西方哲学最重要的分支。无论是以罗素、维特根斯坦、奎因等人为代表的分析哲学传统，还是以胡塞尔、海德格尔、德里达等人为代表的现象学/阐释学传统，语言哲学家都通过语言分析来切入和阐释哲学问题。对他们而言，语言成为理解和解决哲学问题的主要手段。语言哲学研究和翻译研究当属不同的学科，处于各自不同的发展阶段。但由于语言哲学研究聚焦的两个中心议题之一为语言或语词的意义问题（陈嘉映 2003：17），语言哲学家几乎不可避免地要论及翻译和意义的语际、符际转换问题，如维特根斯坦、奎因、海德格尔、伽达默尔、德里达等人都曾经深入讨论过翻译问题。

以德里达为例。就实践而言，他以法语翻译胡塞尔的《几何学的起源》开始了自己的学术之路。就理论而言，翻译更是成为他“解构”理论的最佳注解：“如果要我给‘解构’下个定义的话，我可能会说‘一种语言以上’。哪里有‘一种语言以上’的体验，哪里就存在着解构。”（德里达，2001：23）在德里达这里，翻译不仅是讨论哲学问题的手段或者诸多哲学问题中的一个，而是哲学研究的全部内容。正因为德里达看待翻译的这种立场，他有关意义和翻译的论述被视为解构主义翻译思想的重要理论来源，翻译研究界将其作为解构主义翻译理论家的代表而加以深入探讨。（Gentzler，2001；Davis，2004）翻译研究界对待德里达的态度不是个例。刘宓庆（2001：3）曾指出，用语言哲学作为科学手段研究翻译理论，是深入翻译理论、扩大并展现现代翻译语言学深层理论的维度和论证手段的必由之路。他显然是在强调语言哲学作为理论资源对翻译理论研究具有重大意义。此论当然有其积极意义。语言哲学家对翻译的关注与研究不仅大大提高了翻译与翻译研究的地位，更在理论深度和广度上达到目前翻译研究难以企及的高度。因此，翻译研究向语言哲学借镜是明智而理所应当的选择。

但在目前，翻译研究所展现出来的问题不是理论资源的匮乏，而是自身研究方法的缺陷。其表现就是当下嫁接到翻译研究的其他学科理论太多，而不是太少。有学者生动而深刻地揭示了这一现象：“源自于结构主义并历经后结构主义和解构主义的理论之风席卷而来，每次都横扫过翻译研究领域，在翻译研究领域中，我们可以找到每一次西方思潮掠过后留下的深深的痕迹。”（段峰，2006：181）一时间，翻译研究出现了理论的盛宴，似乎各种理论都能找到与翻译研究的结合点。实际上，正是由于研究方法的短板，翻译研究学者多有一种学科和理论的不自信，无法依据本学科的理论方法在自己的领域内深耕细作，故而只能追随各种理论的风起云涌而漂浮不定。翻译研究也因而往往陷入一种不断需要新理论来支持自己的尴尬境地。因此，笔者认为，对当下翻译研究而言，目前至关重要的问题不是如何借鉴包括语言哲学在内的其他学科的理论资源，而是如何内在地从学科方法论的基础入手，脚踏实地地沿着翻译学科应有的疆界开展研究。从这个角度来看，比起语言哲学的具体理论，该学科的研究方法更值得借鉴，尤其是其理论阐述的自洽性、对概念的共识和对同一律的遵守。

2 理论阐述的自洽性

理论阐述的自洽性，即意味在逻辑性的要求下对问题开展任何讨论的可能性，而无论其结果是否看似荒谬。中西语言哲学有关命题的提出，如“飞矢不动”“白马非马”等，显然不是出于偷换概念或诡辩。对这些命题的讨论比追求答案更有意义，论证过程比结论有价值。因此，即使有些语言哲学理论学说没有给出我们想要的答案，或者结论有明显的缺陷，也不能掩盖他们的价值，因为这些理论至少为我们提供了新的思路与论证方法。毕竟迄今为止，没有一个语言哲学家的结论能够经受历史的检验，没有一种直到现在还被普遍认可的语言哲学真理。但语言哲学家工作的价值体现在“爱智慧”之探索过程，一个语言哲学家持何种观点相对来说不那么重要，最重要的是他为什么持这种观点，如何论证他的观点。因此，理解一个语言哲学理论的价值，首先要理解理论问题之提出与论证的自洽性。

相对于语言哲学界，翻译界对理论分析与阐述的自洽性重视不足，对结论却似乎情有独钟。这表现在，译界总试图寻求一种普适性的翻译理论来回答所有的翻译问题，一旦这种幻想破灭，就开始质疑翻译理论家所做的工作，批评他们结论的错误，而不去关注他/她为何提出这种观点，如何论证这种观点。比如，当译界发现“功能对等”（Nida 2001：86）不能解决所有语言文化差异时，就对该理论口诛笔伐、退避三舍，以至于关于“功能对等”的讨论似乎成了过时、简单的代名词。许多翻译研究者忘了该理论的提出是为了解决圣经翻译中的问题，其观点的自洽性也在数十年的圣经翻译实践中一再被论证。甚至今天，圣经翻译仍然在践行这一理论。又如，译界多有批评图里的“翻译规范”概念有忽视译者主体的工具理性倾向，却忘了该理论的提出与论证都是根据1930—1945年间翻译成希伯来语的文学作品翻译，在其论证框架内是自洽的。不少研究者批评图里的翻译把编译伪译等也视为翻译，而忘了图里理论的出发点是为了找到译语文化环境中产生不同译本的影响因素，发现翻译过程中译者实际抉择所遵守的翻译规范。图里（Toury，2001）本人也声称这只是翻译研究中的描写性翻译研究，而我们却偏要批评他的研究不是翻译研究的全部。

单纯地审查各种翻译理论的结论，我们总能找到这样或那样的缺陷。但这一事实绝不能作为全盘否定某种理论的理由，因为一说一论的提出与论证，只要实现了自洽性，就在其所处的时空内总有一定的意义。因此，翻译理论学习与研究的前提是理解某一理论的提出背景和论证过程，而不是简单的对其结论做出判断与评价。

3 对概念的共识

对语言哲学而言，概念思辨是一个主要的研究路径。（陈嘉映 2003：17）由于西方语言哲学研究流派众多，这意味对同一个问题的讨论必须限定在同一层面之内进行，不能随意越界，否则无论讨论多么激烈、视域多么宽广，研究仍然如浮萍般停留在表面，无法形成理论的对话，并由此导向理论的深入。

对意义的考察是语言哲学的核心任务之一。意义的指称论、观念论、行为论、使用论和意义的成真条件论等众多的意义理论，普遍遵守在同一个层面来讨论意义概念的原则，即意义指的是语词或句子的意义。即便后期维特根斯坦将意义转化为使用，但依然指语句的使用。翻译研究同样关注意义问题，但翻译学界在讨论意义问题时却经常出现概念的越界或混乱，在同一个问题的探讨中不加区分地使用同一概念表达不同层面的含义，期中最典型的是翻译的不确定性问题或意义的不确定问题。

对这一问题的讨论当然不能避开奎因。奎因意义的不确定性简言之，就是指从行为主义的角度来说，不同的刺激都会导致土人说出“gavagai”，而在英语当中无法找到与“gavagai”匹配的刺激源或确切指称，因此我们不能确定“gavagai”的意义就是兔子，而在英语中也就不能确定“gavagai”的翻译。（陈嘉映，2003：259）可见，奎因既不是提出语言的意义相对性问题，也不是讨论原语与目标语之间是否有正确翻译的认识论问题，而是为了宣扬其语言哲学研究中的自然主义与行为主义观点。但翻译界几乎都把奎因意义的不确定性作为语言层面意义不确定的哲学基础，并将其结论抽离出来，与后现代译论中的解构主义翻译、翻译的复调理论等混为一谈。撇开奎因对社会、历史、文化等因素的彻底回避，其提出问题的原因和对问题的论证与翻译学根本就不在同一个层面。

4 对同一律问题的遵守

对同一律的遵守意味研究视角可变，原则不可变。语言哲学领域派系林立，观点庞杂，视角迭变，但所有的观点与理论必须遵守最令本的原则：同一律。违反同一律的观点是谬论，无视同一律的讨论是悬谈，严肃的学科探讨应该自觉遵守同一律。这一主要理论品质源自语言哲学对逻辑学的内在追求，因为语言哲学正是在布尔、弗雷格等人建立的现代逻辑学的背景下发展壮大的（陈嘉映 2003：26）。遗憾的是，作为一门新兴学科，翻译学经常出现违反同一律的情况，如翻译主体间性的相关讨论。

翻译主体间性是中国译界的首创，通常认为指的是翻译主体间的交互。对这样一个原本应该意义清晰、界定明确的研究对象——翻译中的主体，译界却用它分别指代原文、原作者、世界、文化、原文中的人物等。“翻译主体间性”这一术语也衍生出翻译的理论间性、文化间性、话语间性等命题。每一位论者均言之凿凿，纷纷借用海德格尔、胡塞尔、哈贝马斯、梅洛庞蒂、巴赫金、马丁布伯等人的学说加以论证。在理论盛宴的背后，几乎没人反思：当主体的内涵扩大到几乎无所不包，当“间性”被转化成万物关系，这样的讨论实际上已因违背同一律而变成自说自话，早就偏离了最初讨论的问题。

5 结语

语言哲学当然不是翻译研究，两者的研究对象有交叉，但出发点和目的都有本质性的区别。语言哲学对翻译研究的借鉴与指导作用不应只是其丰富而深刻的理论资源。就目前的翻译理论研究现状而言，语言哲学的研究方法，特别是理论的自洽性、对概念内涵的共识和对同一律的遵守更值得翻译研究者学习。

参考文献

[1] 陈嘉映. 语言哲学[M]. 北京：北京大学出版社，2003.

[2] 德里达. 书写与差异[M]. 张宁译. 北京：三联书店，2001.

[3] 段峰. 翻译的文化诗学[J]. 西南师大学报，2006（3）：181-187.

[4] 刘宓庆. 翻译与语言哲学[M]. 北京：中国对外翻译出版公司，2001.

[5] 单继刚. 德里达：翻译与解构[J]. 世界哲学，2006（1）：56-64.

[6] Davis，K. , 2004. Deconstruction and Translation. Shanghai：Shanghai Foreign Language Education Press.

[7] Gentzler，E. , 2001. Contempory Translation Theories（Revised Second Edition）. Shanghai：Shanghai Foreign Language Education Press.

[8] Nida，E.A. , 2001. Language and Culture：Context in Translating[M]. Shanghai：Shanghai Foreign Language Education Press.

[9] Toury，G. , 2001. Descriptive Translation Studies and Beyond [M]. Shanghai：Shanghai Foreign Language Education Press.

胡适的莎士比亚十四行诗译创及其翻译诗学分析

电子科技大学外国语学院　万江松

摘　要：考察胡适对莎士比亚十四行诗的译创，有助于揭示域外诗学与本土诗学在翻译诗学层面的矛盾，即经由翻译而来的域外诗学如何全面影响汉语新诗创作的不同层面，而本土诗学又如何顽强地以不同形式留下自己的印记。同时，对此类现象的文本细读还可帮助我们了解译者在特定主流诗学背景下的个人翻译诗学，包括个人诗学观与翻译目的等。

关键词：译创；翻译诗学；胡适；莎士比亚十四行诗

Research on Hu Shih's Transcreation of Shakespeare's Sonnet and His Poetics of Translation

WAN Jiangsong
School of Foreign Languages，University of Electronic Science and Technology of China

Abstract：The analysis of Hu Shih's transcreation of Shakespeare's Sonnet will help unveil the conflicts between local and foreign poetics in terms of poetics of translation，namely，how the foreign poetics imported through translation influence different aspects of Chinese New Poetry creation and how the local poetics try to leave their marks in different ways. Meanwhile，close reading of these texts will also help us understand translator's personal poetics of translation in specific mainstream poetics，including his personal poetics and translation purposes.

Key words：transcreation；poetics of translation；Hi Shih；Shakespeare's Sonnet

1　引言

巴斯内特和勒菲弗尔早就指出，翻译作为一种改写形式，能够帮助一国文学之革新，为其引入新的概念、体裁与工具。（Bassnett & Lefevere 1990：xii）这一观点早已为近代以来的中国文学翻译所证实。其中的一个特色现象就是译创合一。出于特定的翻译目的，

基金项目：本文获四川外国语言文学研究中心 2015 年度课题“中国翻译诗学的名与实研究”（项目编号：SCWY15-11）资助。

创作中借用翻译的以译代创或翻译中夹有创作的以创代译屡见不鲜。作为一种杂合文本，译创合一以最直观地形式展示出中外文学关系的生动样态，为相关学科的研究者提供最具说服力的文本案例。莎士比亚十四行诗是英语诗苑的奇葩、文艺复兴时期诗学的代表，其汉译在中国近代翻译史有举足轻重的地位。考察莎士比亚十四行诗汉译过程中的译创合一现象，有助于揭示域外诗学与本土诗学的矛盾，即经由翻译而来的域外诗学如何全面影响汉语新诗创作的不同层面，而本土诗学又如何顽强地以不同形式留下自己的印记。同时，对此类现象的文本细读还可帮助我们了解译者在特定主流诗学背景下的个人翻译诗学，包括个人诗学观与翻译目的等。

2 胡适对莎士比亚十四行诗的译创

就笔者所掌握的材料，莎士比亚十四行诗的汉译始于胡适的《辛亥五月海外哭程乐亭》。该诗为一首三十韵的古体悼念诗，前四句为："人生趋其终，有如潮趣岸，前涛接后澜，始昏倏已旦。"（胡适，1914：91）就内容而言，译诗在外部整体上以译代创，内部却又以创代译，是典型的译创合一。查胡适日记，此诗初稿完成于 1911 年，为二十二韵的《哭乐亭诗》，而附注"此四句译萧士壁小诗第六十章"（2001：116）更显示出胡适严谨的治学态度。1914 年公开发表时，胡适提供了两处注释，但均与其出处无关。笔者认为，删除出处反映出胡适对这四行译诗的态度：它们中的创作成分多过翻译，是创作中对翻译的借用，属创中有译、译中又含创的译创合一现象。

与其他早期翻译家的译创不同，胡适的译创式翻译既不是对西洋诗体存有偏见，亦非不了解原诗的形式特点。首先，胡适对西洋诗体持开放态度。他曾批驳以长短句译诗即为西洋诗体的看法："岂长短句即为'西洋式'耶？实则西洋诗固亦有长短句，然终以句法有一定长短者为多。亦有格律极严者。"（胡适、张厚载，1918：623）他显然将"长短句"式的译诗看作对原诗诗体的误读，暗示此种译诗遮蔽了原诗的格律。此处他虽未提出要刻意模仿西洋诗体，但支持的态度十分明确。可以看出，胡适不仅对西洋诗体有深刻认识，且并不认为诗体与文体等诗学的构成性要素具有国别性。既然诗学的构成性要素可跨文化移植，那么一旦它们在本土诗学扎根，就自然而然成为本国诗人可资利用的诗学资源，而译诗对原诗诗体与文体的保留正是外来诗学得以扎根的重要前提与手段。其次，胡适本人有十四行体创作和翻译的经历，故对其非常熟悉。早在 1911 年，他就以莎士比亚体作小诗（Sonnet）两首，（胡适，2001：99）且其中一首已遗失的《归梦》极可能是中国最早的汉语十四行创作。1914 年，为纪念世界学生会成立十周年，他又作一首意体英文十四行诗，并译成中文。他还借机介绍十四行诗的形式特征、不同体式和用韵方式，并指出这是他第三次写十四行诗，前两次用的正是莎士比亚体，"以其用韵少稍易为也"。（胡适，2001：572）由此可见，胡适不仅非常熟悉莎士比亚十四行的形式特征，而且觉得这种体式押韵更容易，便有意尝试韵式更复杂的意体十四行。因此，他以古体译诗并不是出于对原诗格律特征的无意识。

3 胡适译诗的翻译诗学分析

胡适译诗在形式和语言上的处理方式显然只能归因于胡适的翻译目的和诗学思想。

德国功能派翻译理论把翻译看作一种目的性行为，利用行为理论的相关参数研究人类通过文本所要实现的交流目的。（Nord，2001：1）曹明伦创造性地把翻译目的进一步区分为文本目的和非文本目的，加深了我们对译者翻译目的之认识。（2007：193-194）

具体到胡适所译四行莎士比亚十四行诗，其翻译目的显然不是文本目的，而是为了悼念逝友。在 1907 年时，胡适已对当时的主流翻译诗学，即"侧重自由的意译，务必要'典雅'，而不妨变动原文的意义文字"的译法表达过不满（1993：69）。而译莎时胡适所采用的译创正是自己曾批评过的主流翻译诗学的体现。因此，此处他没有遵循翻译的文本目的，而是利用其情感功能。莎士比亚的这四行诗形象地描写了时光之易逝、人生之须臾，正好表达胡适在得知好友病逝后在时间面前的无奈感。这种创作中借用译诗的情况说明他是为这四行诗所彻底折服，在无法超越的情况下才以译代创。只要译诗再现了悼亡的情绪，其翻译目的就已实现。所以译诗第四行对原文内容的添加只不过是胡适诗情的自然流露而已。换言之，对莎士比亚十四行诗的翻译既契合了他悼亡的诗情，又启发了他的诗歌创作。正如学者所说："在完美表达了译者的情感并使译文整体性地切入到创作中，诗歌翻译便成了一种创作行为。"（熊辉 2010：96）这样看来，胡适的以译代创绝非对原作的模仿或再现，原诗所激发的情感共鸣才是译创现象得以存在的主要原因。

胡适偏离文本目的，也是个人翻译诗学顺应主流诗学影响的结果。胡适翻译此诗时在美国康奈尔大学专攻农学不足一年，而他转入文学院也是一年之后。此时他的诗学思想尚处变革前的酝酿阶段，虽远离故土，仍未能摆脱本土主流诗学的影响。由于诗学影响的延续性，他在知道英汉诗歌形式殊异的情况下仍采用中"体"西"意"、中瓶装西酒的方式译诗，是十分自然，甚至是唯一的选择。因为这种放弃原诗形式的选择也是中国翻译诗学传统："至少自支谦起，形式总是与内容同样重要，但更重要的前提是，译文的形式是汉语的形式，而非尽量带有原作形式的特征。"（Lefevere，2001：22）对传统主流诗体的采用反映了译者胡适的传统诗学心理与审美倾向。

此外，当时主流翻译诗学对译诗诗体与翻译策略的制约亦不容忽视。胡寄尘（胡怀琛）在《海天诗话》（1914）开篇即表达译诗必须以本土诗体进行译创的观点："欧西之诗，设思措辞，别是一境。译而求之，失其神矣。然能文者撷取其意，锻链而出之，使合于吾诗范围，亦吟坛之创格，而诗学之别裁也。"（1923：1）他否认诗歌的可译性，认为译诗只会失去诗思与措辞的精髓，而唯一可行的补救办法就是以中国传统诗学固有的诗体进行译创。该书为清末已降第一部系统梳理中国诗歌翻译的理论著作，十年后再次刊出，其内容可视为主流翻译诗学的充分体现。而据统计，晚清至 1911 年 37 首译诗的形式，无一例外都是传统诗学中的诗歌形式，按照数量分别为五言、七言、四言、骚体、杂言和曲牌。（廖七一，2004：98）而胡适的莎译正是五言，这充分说明当时主流翻译诗学对译者诗体选择的潜移默化。

除了诗体选择，译者的翻译策略亦受主流翻译诗学影响。胡怀琛对西诗汉译诗学目的或功能的定位是在保留本土诗学地位的前提下引进异域诗学的思想、境界、意象等诗学构成性要素，故最佳的翻译策略即"或取一句一节之意，而删节其他，又别以己意补之，使合于吾诗声调格律者，上也"。（胡寄尘，1923：7）以此翻译策略对比胡适的译诗，可谓惊人地契合。他的翻译单位显然不是字词甚至诗行，而是更大范围内原诗的诗意。

他汲取原诗第一节四句的诗意加以重组，删去其中的细节以及其余诗行，补以自己的悼文，使之合于传统的五言古体。对此时的胡适而言，译诗的可接受性最为重要。译诗必须首先合乎本土主流翻译诗学规范，然后才能谈到充分性。所以，若以当时的主流翻译诗学为标准，胡适的莎译可谓彼时最佳翻译策略的充分体现。

胡适的译创虽然遵循主流翻译诗学对诗体与翻译策略的要求，但他在翻译目的和选材上对主流翻译诗学的背离亦值得注意。清末民初的主流翻译诗学以功利性的救亡启蒙和道德教化为翻译目的，胡适也不例外。廖七一早就注意胡适早期译诗中的译创行为，并总结其主要特征："主题上挪用，形式上因袭，语言上归化，带有明显的功利主义与政治化倾向。"（2010：208）值得注意的是，胡适的莎士比亚十四行诗翻译虽在形式与语言上体现了上述特征，但在主题上却有根本不同。他的此次译创完全出于个人情感与艺术表达的需要，从"家国"转向"小我"、从意识形态偏向情感与艺术。主流翻译诗学的这种转向要等至五四时期才真正发生。胡适无意中表现出来的译诗模式的变化趋势，竟与后来五四新文化运动的精神旨趣不谋而合。他后来能成为西诗汉译的急先锋和新文化运动的旗手，一方面固然是自己诗学、政治、哲学观念发展与个人努力的结果，另一方面也在于他个人的诗学观和翻译目的无意中契合了时代主题演变的脉搏。

胡适译诗模式的转变轨迹可进一步佐证上述观点。根据胡适译诗年表和原译文对比观察可知，（廖七一，2006：257-321）在1911年译莎之前，胡适的主要译诗如《六百男儿行》《军人梦》《缝衣歌》等，与本土其他译者在主题、诗体和语言上并无太大差异，都表现明显的意识形态取向，且都是文言旧体诗。1911年后，特别是1914—1915年，胡适的译诗以浅显的文言为主，有意识地采用诗行与字数均不受限制的文言骚体。此时的译诗主题也有多元化的趋势，逐步远离意识形态而偏向内心的玄思与情感。1916年后，胡适萌发了以观摩和借镜为目的的译诗观念，而1918—1919年间的译诗则完全满足胡适对白话新诗"八不主义"的诗学要求，他的译诗原则和创作原则在此时取得重合。从上述轨迹可以看出，其一，胡适的莎士比亚十四行诗翻译虽是一种译创，但他对本土主流翻译诗学的背离是潜意识的，尚未主动将译诗作为创作的借鉴。胡适后来的译诗主要以19世纪的诗人为主，如白朗宁、拜伦、艾默生、蒂斯代尔、哈代等，没有选择莎士比亚一类的古典诗人，且翻译策略也显然不同。胡适后期译诗虽然也注重内容的忠实，但更强调白话语言的使用和诗体的解放。其二，胡适的译创之所以能走上不同于彼时其他本土译者的译诗道路，展现出与主流翻译诗学不同的特征，原因之一显然是域外诗学的影响。这种影响尽管在当时是潜意识的，但也足以使胡适在译诗语言和诗体上有了更多选择的自由。胡适自己曾说："在绮色佳五年，我虽不专治文学，但也颇读了一些西方文学书籍，无形之中，总受了不少的影响，所以我那几年的诗，胆子已大得多。"（胡适，1919：3）这种"大胆"使得胡适逐渐背离本土主流诗学，成为白话译诗的开山鼻祖。图里曾总结莎士比亚十四行诗希伯来语首译者的翻译特征，认为译诗一方面通过再现原诗特征来为本土诗学带来创新，一方面将又按主流诗学既定惯例对此创新加以调和，使译诗整体上不至过度偏离主流诗学规范。（胡适，2001：122）胡适的莎译显然具有类似的两面性特征。

4 译创的翻译诗学意义

用中国传统诗体来翻译外来诗歌，其局限显而易见。但胡适这种译创的翻译策略同样实现了松动传统声律、引进域外诗学的目的，在一国诗学转型期有不容抹杀的意义。胡适此处以古体诗容纳西诗诗意，可谓为对梁启超“以旧风格含新意境”主张的践行，但当他用传统诗学的旧瓶来装外国文学作品的新酒时，已实际上悄然践行着传统诗学的现代化。首先，从清末诗体发展趋势来看，五言古体这一诗体的旧瓶开始具有了新的意义。在谈到莎士比亚、荷马等伟大诗人时，梁启超称赞黄遵宪五言古体长诗《锡兰岛卧佛》“真可谓空前之奇构矣。”（梁启超，1902：83）该诗早已被岁月所湮没，但梁在当时做出如此高的评价，除了该诗“煌煌二千余言”为中国诗歌传统前所未有之外，恐怕也因为该诗的五言古体采用了近乎白话的文言。这绝非偶然，黄遵宪近乎白话的“我手写我口”就是来自五言古体《杂感・大块凿混沌》。白话俗语入诗自然会导致声调、音韵、格律等再也无法套用近体诗之类的严谨诗律，古体诗成为自然选择。这就是为何“诗界革命”的代表诗人黄梁二人均创作了大量的古体诗。朱自清认为诗界革命虽最终失败，但对白话新诗运动有观念上而非方法上的巨大影响。（朱自清，1935：1）这里的“观念”，显然包括口语入诗以及对传统严谨诗律规约的松动。

其次，就胡适所译的莎士比亚十四行诗而言，诗学的现代化还表现为思想与内容上的西方烙印。胡适采用了较为浅显的文言，离白话诗当然有一定差距，但若注意到这首悼诗其余部分仍是较为难懂的文言，且发表的版本比日记中的文言程度更甚，我们就会意识翻译在胡适作品语言逐渐浅化中的巨大作用。他虽按本土诗学的要求调换了前两句的语序，但“形合”的语法关系因而得以明晰化。这与本土诗学的“意合”主流相左，完全可以看作胡适1917年《文学改良刍议》中“八事”之一“须讲求文法”的先声。此外，译诗保存了原诗的新颖比喻，为本土诗学增添了异质性元素，取得了极佳的陌生化效果。实际上，这个比喻徐志摩也十分喜欢，在1926年的日记中称其为“光阴‘桑内德’”。（徐志摩，1991：407-408）这说明相对本土诗学而言，其突出的异域风味就是对时间的刻画方式截然不同。胡适借用该诗，极有可能就是因为这一异质的诗学元素。胡适的译诗证明，归化显然同样可以引入异质，以地道的汉诗翻译出传统诗学所无的波涛与时光的意象。这种译介方式既是译者在时代背景下的正常选择，又在译介初期以一种主流诗学环境认可的方式引入新的表现手法和诗学元素。这种归化策略有时虽不可避免地带来误读与变形，但重要的是译界已经意识主动输入诗学新元素的必要性。

5 结语

有学者在分析以译代创的翻译诗学意义时指出，以译代创是早期中国新诗创作的特殊方式，其产生缘于早期新诗创作资源的缺乏。（熊辉，2010：94）此说当然有其道理，以译代创确实能为本土诗学提供异域诗学花园的种子，包括诗学观念、体式与表现手法等。但胡适对莎士比亚十四行诗的译创也证明，以译代创同样可作为古体诗创作的特殊方式。换言之，异域诗学的种子是否被本土诗学接受以及能否接受、如何接受、接受多少等，仍取决于本土诗学内部要素在不同时代背景下的发展状况。若没有本土主流诗学的内部需求，或译者个人翻译诗学对主流诗学的有意识反拨，域外诗学极可能只会为本土诗学所掩盖。莎士比亚十四行诗在内的外国诗歌汉译就会被本土诗学归化吸纳，不仅无法产生影响，还会成为本土诗歌语言、体式和诗学思想兼容性、优越性的又一个例证。这样的译诗在总体上仍属入中国传统诗学的范畴，也就不可能改造传统诗学或摆脱中国传统诗歌语言与形式的束缚，更遑论在此基础上萌发现代白话诗学和白话新诗。只有本土诗学内部的各种要素出现求新求变的内在动力，翻译诗学才可能发生作用，产生以译代创或以创代译的杂合现象。

参考文献

[1] 曹明伦. 翻译之道——理论与实践[M]. 保定：河北大学出版社，2007.

[2] 胡寄尘. 十年笔记：海天诗话[J]. 俭德储蓄会会刊，1923，4（3）：1-13.

[3] 胡适. 新大陆诗选：辛亥五月海外哭程乐亭[J]. 留美学生年报，1914（3）：91.

[4] 胡适，张厚载. 通信：新文学及中国旧戏[J]. 新青年，1918，4（6）：620-623.

[5] 胡适. 尝试集自序[J]. 北京大学日刊，1919（438）：3.

[6] 胡适. 四十自述[M]. 北京：中国文联出版公司，1993.

[7] 胡适. 胡适日记全编.1[M]. 合肥：安徽教育出版社，2001.

[8] 梁启超. 饮冰室诗话[J]. 新民丛报，1902（9）：83-92.

[9] 廖七一. 胡适诗歌翻译研究[M]. 北京：清华大学出版社，2006.

[10] 廖七一. 中国近代翻译思想的嬗变：五四前后文学翻译规范研究[M]. 天津：南开大学出版社，2010.

[11] 熊辉. 以译代作：早期中国新诗创作的特殊方式[J]. 中国现代文学研究丛刊，2010（4）：92-102.

[12] 赵遐秋，等. 徐志摩全集（第 5 卷）：书信、日记集[Z]. 南宁：广西民族出版社，1991.

[13] 朱自清. 导言[A]. 中国新文学大系诗集[Z]. 上海：上海良友图书印刷公司，1935：1-8.

[14] Bassnett S. & Lefevere A（eds.），1990. *Translation，History and Culture*[C]. London：Pinter Publishers ltd.

[15] Lefevere A. , 2001. *Chinese and Western Thinking on Translation*[A]. in Bassnett，S，Lefevere A（eds.）. *Constructing Cultures：Essays on Literary Translation* [C]. Shanghai：SFLEP：12-24.

[16] Nord C. , 2001. *Translating as a Purposeful Activity*[M]. Shanghai：SFLEP.

[17] Toury G. , 2001. *Descriptive Translation Studies and Beyond* [M]. Shanghai：SFLEP.

成都市景区标识语日语翻译现状调查

电子科技大学外国语学院　王丹丹　唐思垚　徐世红

摘　要：文章以位于成都市内的五所知名景区为调查对象，收集景区内现有的标识语日语翻译数据，通过对日语母语话者进行问卷调查，整理现有翻译中存在的问题、分析问题出现的原因，并提出相应的完善对策。通过本调查可以得知，景区解说牌的日语翻译在名词使用、动词使用、助词使用、长句处理、惯用语翻译等方面存在较多问题，提示牌在语气表达方面存在问题较多。

关键词：成都景区；景区标识语；日语翻译；现状调查；翻译对策

Investigation on the Status Quo of Japanese Translation of Signs in Chengdu Scenic Spots

WANG Dandan，TANG Siyao，XU Shihong
School of Foreign Languages，University of Electronic Science and Technology of China

Abstract: This article takes five well-known scenic spots in Chengdu as the survey objects and collects the Japanese translation of existing signs in the scenic spots，and conducts a questionnaire survey on Japanese native speakers to sort out the existing problems in the translation to analyze the causes of the problems and propose corresponding improvement measures. Through this survey，it can be concluded that the problems in Japanese translation of the message boards mainly concentrate in the use of nouns，verbs and auxiliaries words，long sentence processing，and idiom translation. In contrast，more problems in tone expression are found on the Japanese translation of the signboards.

Key words: Chengdu scenic spots; scenic spot signs; Japanese translation; status survey; translation countermeasure

---

本稿为电子科技大学教学研究改革项目“重点理工科高校日语专业的培养目标及课程设置改革”（2015XJYYB075）、致公党四川省委 2017 年度调研课题“四川省旅游景区文化用语的外文翻译情况”的部分研究成果。

1 引言

成都是我国首批国家历史文化名城、中国最佳旅游城市和南方丝绸之路的起点，根据《2017四川省旅游统计便览》，2016年成都市共接待入境游客272.31万人次。在2014—2016年四川主要客源国中，来自日本的游客人数一直位居前三，2016年总人数更是达到20.29万人次，同比增长18.1%，增长率居各客源国之首。景区标识语作为景区的"名片"，在介绍景点信息、宣传景点文化方面具有至关重要的作用。为了提升景区形象、方便外国游客，设置多语种景区标识语已成为各知名景区的标准配置。

现阶段，在我国国内，以规范景区标识语多语种翻译为目的的研究成果为数不少，其中多为景区标识语的英语翻译研究，比如廖治敏（2012）、郭颖杰（2013）、刘轩竹（2014）、刘华玉（2015）等。以景区标识语的日语翻译为对象的研究相对较少，汪敏、沈程辉（2015）、荣喜朝（2016）、王贝、杨钢（2017）等分别以浙江西湖、河南洛阳、湖北黄石各景区标识语的日语翻译为调查对象进行了研究。但是，以四川省成都市内景区标识语的日语翻译现状进行研究的尚不多见。

本课题以成都市内五所知名景区（武侯祠、青羊宫、杜甫草堂、金沙遗址博物馆、成都大熊猫繁育研究基地）为调查对象，收集景区内现有的标识语日语翻译数据，通过对日语母语话者进行问卷调查，整理其中出现的问题，并对问题的呈现倾向及原因进行总结与分析，针对不同类别的翻译错误提出相应的完善对策。

2 调查方法

本调查选取位于成都市内的五所著名景区，包括三处历史文化名迹（武侯祠、青羊宫、杜甫草堂）、一所博物馆（成都金沙遗址博物馆）以及一处自然保护景区（成都大熊猫繁育研究基地），其中包含四个4A级景区和一个四川省重点文物保护单位，是位于成都市内接待外国游客较多的景区。

本调查在2016年11—12月期间进行，调查人员赴各景区进行实地取材，用摄影器材拍摄带有日语翻译的景区标识语标牌。此次调查共收集有效数据照片93张，我们在对景区标示语数据进行文字还原及初步整理后，以两名日语母语话者为对象进行了问卷调查。在此基础上，我们对其中的错误和问题进行了汇总与分析。

3 成都市五景区标识语日语翻译现状分析

景区标识牌是传递景区信息的服务系统，是景区使用功能、服务功能及游览信息的载体，是旅游景区设施完善不可或缺的一部分。无论是何种主题的景区，其中设立的标识牌都可以根据其功能可分为解说牌、提示牌、交通信息标识牌等，其中，解说牌是对景区的概况、文物、特色信息进行介绍的载体，便于游客在短时间内了解景区。举例来说，历史文化名迹往往需要向公众普及其对应的历史文化知识，传播一定的文化理念；自然保护基地往往有科普自然科学知识的作用。提示牌是为了维护社会公共的利益、保证景区管理的有序性而设立的禁止或提示标识，前者包括禁止抽烟、禁止摄影、禁止触摸、禁止攀爬等，后者包括爱护花草、小心台阶等等。在对景区内标识牌内容进行翻译的时候，有必要根据标识语所具有的不同功能灵活处理。以下我们分别对五景区内具有解说和提示作用的标示语日语翻译现状进行分析[①]。

3.1 解说牌日语翻译解析

具有解说功能的标示牌一般由多个句子组成，根据所要解说内容的不同可长可短。据本次调查发现，成都市五景区内解说牌日语翻译存在的问题主要包括名词使用错误、动词使用错误、助词使用错误、长句处理不当、惯用语翻译不当等方面。以下我们基于实例指出各类问题所在并提示改善方法。

3.1.1 名词使用错误

汉语和日语的名词本身并无单复数、性等方面的曲折变化，在翻译过程中理应出错率较低，然而在本次调查中，我们发现了多处名词翻译的不当之处，这些问题多为对名词词义的把握不准确造成。比如例（1）。

（1）原文：小熊猫凶猛，严禁逗弄、喂食！请保持 3 米以上参观距离。

原译文：小さいパンダーでも凶暴な野獣ですから、戯れないとか、食品を食べさせない以上、3 メートル以上の場所に立ってお楽しみください。

建议译文：レッサーパンダは危険な動物です。刺激したり餌を与えたりする行為はご遠慮ください。3 メートル以内には立ち入らないでください。

该标识语位于成都大熊猫繁育研究中心内小熊猫观赏区的围栏上，其中出现专有名词“小熊猫”。正如标识语的英语翻译“Red panda”所示，此处的“小熊猫”不是“小的熊猫”或“幼年熊猫”，而是指与大熊猫完全不同的一个物种[②]。作为物种命名，小熊猫的日语表达为「レッサーパンダ」。而汉语中“小熊猫”这一表达是多义的，除了作为专有物种的名称，还可以用作表达形体较小的、年幼的熊猫，即“小的熊猫”或“幼年熊猫”。在翻译过程中，对于可能具有多种语义的表达，译者需持严谨的态度，首先明确标识语中多义表达的确切所指，之后进行词汇选择，以避免造成误解，给游客带来不便。另外，该类误译也可能是因为译者缺乏相关知识造成的，因此，在进行翻译之前，对相关知识进行一定的了解也是必要的。

相比此类因对汉语原词语义理解错误而产生的问题，也有译者对日语词汇的语义把握不精准而产生的问题。比如，在武侯祠的全景图内，有将汉语的“办公区”翻译成「オフィス」的地方。在日语里，「オフィス」是外来语，来源于英语的“office”。虽然英语的“office”相当于汉语的“办公室”，但是在日语中，外来语与来源词之间存在语义差异的情况较多。单独使用时，外来语「オフィス」的语义更接近日语的「事務所」，即汉语的“办事处”。若表达景区内处理各种事务的服务人员的办公室，使用「事務室」较为妥当。「事務室」和「事務所」虽然都表示办公的场所，但是前者侧重具体的办公地点、房间，而后者侧重于表示一个机构。该问题提醒我们，在翻译的时候应准确把握目标语的语义及用法。

---

① 部分标示语同时包括解说语及提示语，对此本稿不做细分。

② 小熊猫属于浣熊科，大小只有大熊猫的十分之一，身披棕红色毛，长尾巴。

3.1.2　动词使用错误

类似于上述的名词用法，在汉语中，同一个动词具有多种语义也是较为常见的现象。比如说“躲避”一词，既有“躲避困难”这种及物用法，也可以说“（遇到危险）赶紧躲避起来”这种不及物用法。具有同样语义的词语在翻译目标语言中的使用方法并非完全一致，因此在进行翻译的时候，应注意多义词的对应与选择。在本次调查所搜集的数据中出现多处动词选择错误的问题。比如例（2）。

（2）原文；（龙龙）胆小，性格内向，不喜欢和人接近。喜欢有躲避身体的地方。

原译文；龍龍は臆病で内気で、人と親しまないです。体が避けられる場所が好きです。

建议译文；龍龍は怖がりで内気な性格で、人にあまり近づきません。体を隠せる場所を好みます。

例（2）是成都大熊猫繁育研究基地中介绍大熊猫龙龙的解说牌，其中，将“躲避身体”翻译成「体が避けられる」。的确，日语的「避ける」具有“躲避”“避开”的意思。但是，其躲避的对象多为主语不喜欢、不期待碰见的人、事物、事态等，比如说「人目を避ける」（避人耳目）「公表を避ける」（避免公开）等等。而此处“躲避身体”的意思是将自己的身体藏到不让人看到的地方，这种情况下，妥当的翻译方法应该是「体を隠せる」。

在与动词使用相关的问题中，除了上述因混淆动词语义用法而出现的错误，也有与汉日同形词有关的问题。众所周知，日语和汉语中存在大量的同形动词，比如说「拡大する」与“扩大”、「留守する」与“留守”等。在汉日同形词中，有一部分是同形同义，比如说「拡大する」与“扩大”，有一部分则只是同形，在语义上具有不一致之处。比如说「留守する」与“留守”。武侯祠介绍蒋琬生平的解说牌中出现与动词“留守”相关的翻译问题，其中写道“北伐中，留守相府，保障供给”，现有翻译为「相府に留守番をして前線の補給を保障した」，将“留守相府”译为「相府に留守番をして」。「留守する」的原始语义为在帝王前往地方巡游时，留在王城内代为执行政务，这与汉语的“留守”是一致的。然而，在现代日语中，「留守」一般指“主人或家人外出时留在家里的那个人”，或者“因为外出或者出差某个人不在家”的意思。在此处，作为现代日语表达，翻译成「相府に留まって」（留在相府）即可。

3.1.3　助词使用错误

与孤立语汉语不同，日语属于黏着语。由于这种语言属性，日语的语序相对自由，各成分之间的语法关系主要依靠附着于名词之后的助词来判断，比如说「が」「に」「を」「で」等。因此，在汉译日中，选择正确的助词是保证翻译准确的基本注意事项。在本次调查中，我们发现了多处助词使用错误的现象，如例（3）。

（3）原文：太上老君曾在此现身为关令尹喜真人讲经说法。

原译文：太上老君は嘗てここで出現して関令尹喜真人のために説法したという。

建议译文：かつてここに太上老君が現れ、関令尹喜真人に説法したという。

在日语中，「に」和「で」是用法相近的两个助词，两者均可表示地点。其不同在于前者表示静态的处所，或到达点，后者表示动态活动的场所。在“太上老君曾在此现身为关令尹喜真人讲经说法”中，很明显，“在此现身”的地点场所名词“此”表示的是动词“现身”的地点。与“买”“吃”等表示动态动作的行为动词不同，“现身”这一动词是变化动词，描述的是从无到有之后的一种状态。因此，在此处的翻译中，比起表示动态动作发生场所的「で」应该使用表示到达点的「に」。

例（4）也存在相同类型的问题。

（4）原文：原为刘璋部下，投归刘备后，协助诸葛亮处理军政。

原译文：もとは劉璋の部下で、劉備に身に寄せた後に、諸葛孔明に協力して軍事と政治を処理し……

建议译文：（董和は）劉璋の部下であったが、劉備のもとに身を寄せた後、諸葛孔明と協力して軍事と政治を取り仕切った。

例（4）是武侯祠中介绍董和的解说牌，在日语翻译中，“投归刘备”应该是「劉備のもとに身を寄せた」，但是译文中将助词「を」错用成「に」，形成「劉備に身に寄せた」的错误表达。与前面的「に」「で」由于具有相似用法而造成混淆不同，此处翻译错误可以考虑是译者本身对于助词的使用掌握不牢固、抑或笔误而造成的。

3.1.4　长句处理

相对于简短精练的景区提示语来说，部分景区解说词由于内容较多，常以段落形式出现，其中不可避免地出现复杂长句。在涉及长句翻译时，往往容易出现句子和段落层面的语法问题，其中较为常见的是与主语・主题省略相关的问题。汉语和日语一样都属于重话题、轻主语的语言，在话题明确的场景下，主语省略时有发生。（Li & Thompson，1976，Tsao，1978，久野，1983 等）然而，即便是在容许主题或主语省略方面具有相似性，在实际运用中，不同的语言仍然存在较大的差异。如例（5）。

（5）原文；唐元和四年（公元 809）刻立。全名《蜀丞相诸葛亮武侯祠堂碑》，唐代名相裴度撰文，著名书法家柳公绰（柳公权之兄）书写，名匠鲁建镌刻。其文章、书法和镌刻极为精湛，被誉为“三绝碑”。

原译文：唐碑の正式名は「蜀丞相諸葛武侯祠堂碑」といい、唐の元和 4 年（809 年）に建てられたものである。唐代の名相斐度が文を書き、著名な書家である柳公綽の書で、名匠魯建が彫った碑で、文、書、彫共にすばらしいので。

建议译文；唐碑は唐の元和 4 年（809 年）に建てられたもので、正式な名称は「蜀丞相诸葛武候祠堂碑」である。碑文は、唐代の名相斐度が作った文章を著名な書家、柳公綽が書き、名匠魯建が刻字したものである。この唐碑は、文章、筆致、刻字のどれをとってもすばらしいため、「三絶碑」と呼ばれている。

例（5）是武侯祠内唐碑的解说词，从原文内容可以得知，该解说词对唐碑的刻立时间以及碑文的文章、书写、镌刻者进行了说明。现有翻译中有三处明显错误，首先就是因主语省略而造成的。在「唐碑の正式名は「蜀丞相诸葛武侯祠堂碑」といい、唐の元和 4 年（809 年）に建てられたものである。」一句中，出现了因主语省略不当而造成的主语不一致现象。「……唐の元和4年（809年）に建てられたものである」（建于唐元和4年（809年））的主语是指“唐碑”，但是在现有的日语翻译中，其主语成了「唐碑の正式名は」，也即“唐碑的正式名称”。正确的翻译应该为「唐碑は唐の元和4年（809年）に建てられたもので、正式な名称は「蜀丞相诸葛武侯祠堂碑」である。」（唐元和四年（公元809）刻立。全名《蜀丞相诸葛亮武侯祠堂碑》）

第二处和第三处问题在于“唐代名相裴度撰文，著名书法家柳公绰（柳公权之兄）书写，名匠鲁建镌刻。其文章、书法和镌刻极为精湛，被誉为‘三绝碑’”处的翻译。现有翻译为：「唐代の名相斐度が文を書き、著名な書家である柳公綽の書で、名匠魯建が彫った碑で、文、書、彫共にすばらしいので」。首先，该部分翻译出现较为明显的漏译现象，“被誉为‘三绝碑’”这一部分没有翻译出来；其次，从汉语解说词可以得知，前半部分的解说词是针对唐碑碑文的撰文、书写、镌刻者进行说明，在汉语原文中省略了“碑文”这一主题。日语的翻译同样也省略了主题，但是作为日语来说，该表达给人以不明所以的感觉。该处前面句子的主题为“唐碑”，在介绍唐碑的刻立时间之后，主题变化成“碑文”，且没有显性出现，这就造成语义不明。此处的正确表达应该是「碑文は、唐代の名相斐度が作った文章を著名な書家、柳公綽が書き、名匠魯建が刻字したものである。この唐碑は、文章、筆致、刻字のどれをとつてもすばらしいため、「三絶碑」と呼ばれている」

针对该类型问题，我们认为在长句翻译中首先应保证语义表达以及段落语句之间的逻辑关系准确，在此前提下为了达到简练、简洁的效果再考虑成分省略较为妥当。

3.1.5　惯用语翻译问题

汉语中有许多惯用语，比如四字成语、歇后语、谚语等等，这些惯用语多采用比喻的手法，以形象的比喻阐释深刻的道理，如“猴子捞月一场空”“好马也有失蹄时”等等。日语在引进汉字的同时也吸收了不少惯用语，相应的表达被称为「慣用句」「熟語」等。从句法上来讲，一方面，惯用语表达的一个特点是内部成分搭配相对固定，一般不允许添加、删减或更改；另一方面，语言也是文化的载体，惯用语具有深刻的文化内涵，是与时代社会结合最为紧密的一类词汇。（王艳芳，2008等）基于这些理由，景区标识语中的惯用语翻译是个较为复杂的问题，除了考虑语义对应精准、翻译形式准确，也需考虑不同文化背景游客的接受问题。

在武侯祠中赵云的解说牌上有这样的内容；“字子龙，常山真定（河北正定）人。原公孙瓒部将，后归随刘备。208年当阳长坂之役保护刘禅、甘夫人脱险。争汉中时，刘备曾赞‘子龙一身都是胆’……”其中，对应的日语译文中，将“一身都是胆”翻译成「一身すべて胆なり」。在日语中，作为“熟语”，“子龙一身是胆”具有固定的表达，为「子龍一身これ胆なり」。在惯用语的翻译上，首先需要了解该惯用语在日语中是否存在固定表达，避免擅自修改。另外，作为熟知三国文化的日本游客看到此处表达大多会明白这是刘备夸奖赵云在战场上的勇敢，但也不排除有不了解三国文化的游客，对于他们而言，“一个人浑身上下都是胆”是什么情况？因此，我们认为，作为服务于不同文化背景游客的景区标识语，在惯用语的翻译问题上，应达意为首，灵活对待。为了能够在保持惯用语特殊形式的同时避免引起外国游客的误解，可以采取在直译后面添加意译的方法，比

如可在“子龙一身是胆”的翻译「子龍一身これ胆なり」之后添加意译「何物も恐れない」(勇敢果断，无所畏惧)，这样既能保证语言形式、表达意义的对等，又能填补文化代沟。

3.2 提示牌日语翻译解析

相对于解说牌来说，景区提示牌一般句形精炼短小，根据提示内容的不同，会具有提醒、提示、禁止等不同的语气（mood)。在面向游客进行提示、提醒的时候，采用恰当的语气表达非常重要。在本次调查中，我们发现景区提示牌的翻译中出现有语气翻译不对应的现象。

（6）原文：尝一尝：新鲜的窝窝头。

原译文：味わう：新鮮な蒸しケーキ。

建议译文：蒸し立ての蒸しパン、是非ご賞味ください[①]。

在成都大熊猫繁育研究中心内的一家餐饮店外挂着这样一个提示牌，汉语部分为“尝一尝”，提醒游客此处有美食，邀请游客驻足品尝，具有一定的广告功能，在翻译的时候需要注意语气的对应。但是，现有的翻译将“尝一尝”简单地翻译成「味わう」(品尝)这样一个动词原形的形式。这种形式在提醒游客此处有用餐处方面具有一定的宣传效果，但是未能将邀请游客驻足品尝这种邀请语气体现出来，整体感觉呆板、奇怪。若翻译成「ぜひご賞味ください」(欢迎大家品尝)，则在语气上凸显了对游客的邀请，传达出店家的热情，更能增加游客的好感。

在翻译提示牌的时候，应首先准确把握汉语标识牌向游客传达的是何种语气，在此基础上选择恰当的日语表达。

（7）原文：小熊猫凶猛，严禁逗弄、喂食！请保持 3 米以上参观距离。

原译文：小さいパンダーでも凶暴な野獣ですから、戯れないとか、食品を食べさせない以上、3 メートル以上の場所に立ってお楽しみください。

建议译文：レッサーパンダは危険な動物です。刺激したり餌を与えたりする行為はご遠慮ください。3 メートル以内には立ち入らないでください。

（同例（1））

该处提示牌左上角画有醒目的黄色警示标志，其内容为“小熊猫凶猛，严禁逗弄、喂食！请保持 3 米以上参观距离”。文中使用的感叹号以及“严禁”“请”等表达明确地传达出这是对游客发出禁止、命令。然而该提示牌上的日文标识语却为「小さいパンダでも凶暴な野獣ですから、戯れないとか、食品を食べさせない上、3 メートル以外の場所に立ってお楽しみください」。该翻译的结尾部分使用了敬语形式「お楽しみください」，是“敬请欣赏”的意思。该种形式传达出景区对游客的关心、尊重之意，却模糊了提醒、警告游客不要在具有危险的区域内做出不恰当行为的主要用意。我们认为，更为恰当的翻译方法应该是明确使用禁止表达，比如说，「レッサーパンダは危険な動物です。刺激

① 建议将此处“新鲜的”翻译成「蒸し立ての」(刚出炉的，新鲜的)，日语「新鮮な」在形容食物时多用于蔬菜瓜果，一般不用于窝窝头这种加工食品。

したり餌を与えたりする行為はご遠慮ください。3 メートル以内には立ち入らないでください」。

4 总结

本文基于在成都市内五所景区收集的景区标识语数据分析而成，主要从景区解说牌与提示牌这两个方面指出现有日语标识语翻译中出现的主要问题，其中，在解说牌翻译中出现的问题主要包括名词使用错误、动词使用错误、助词使用错误、长句处理不当、惯用语表达不当等问题；在提示牌翻译中出现的问题多为语气翻译不当。我们对出现这些问题的原因进行了分析，并提供了更为妥当的翻译方法，同时也对译者进行翻译时所需注意的事项做出了提议。我们在调查中还发现在文中所列问题之外，还存在有文体翻译不对应、语言表达不统一等问题，篇幅所限，我们将在他处另做讨论。

参考文献

[1] 曹逢甫. 汉语的句子与子句结构[M]. 王静译. 北京：北京语言大学出版社，2005.

[2] 郭颖杰. 论旅游景区标识语的翻译策略[J]. 旅游纵览（下半月），2013（6）.

[3] 廖治敏. 语义翻译和交际翻译视角下景区标识语的英译[J]. 海外英语，2012（23）：171-173.

[4] 刘华玉. 旅游景区标识语的英译现状及翻译原则[J]. 海外英语，2015（9）：122-123.

[5] 刘轩竹. 基于跨文化交际理论以规范景区标识语翻译的策略[J]. 读与写杂志，2014（4）4：20.

[6] 荣喜朝. 洛阳市景区公示语日语翻译现状调查与分析[J]. 淮海工学院学报，2016（5）：60-63.

[7] 王贝，杨钢. 论旅游标识日语翻译之语言功能的实现和针对性的提高[J]. 安徽文学，2017（4）：92-93.

[8] 汪敏，沈程辉. 西湖景区标识牌日语翻译的现状调查与分析[J]. 产业与科技论坛，2015（6）：95-97.

[9] 久野暲. 新日本文法研究[M]. 大修館書店，1983.

[10] Li，C.，Thompson，S.（1976）Subject and topic：a new typology. [A]. In Charles. N. Li，ed.，Subject and Topic academic Press，457-489. New York：Academic Press.

谢词

本稿以电子科技大学挑战性实验课程“翻译中的日语误用调研”（2016—2017-1）所搜集数据为分析基础，在此向参与调研的 2014 级日语专业学生谨表谢意。同时向协助本次调查的山田慎先生，原电子科技大学外教上田裕博士表示诚挚的感谢。

感世间沧桑　忧百姓疾苦
——《贫穷问答歌并短歌一首》评译注

电子科技大学外国语学院　王明庆

摘　要：《贫穷问答歌并短歌一首》是日本古代著名歌人山上忆良的优秀作品，由长歌和短歌（反歌）两部分构成。长歌部分，作者秉承道义精神和爱民思想，洞悉社会积弊，体察民间疾苦，借两位“贫士”的“问”与“答”，间接地折射出“班田制”下民不聊生、饿殍载道的社会现实，揭示了尖锐的社会矛盾。“问”与“答”相映成趣、匠心独运。对横征暴敛的里长的指斥和鞭挞直接影射昏庸腐败的中央政府乃至整个不合理的社会制度，赋予了作品深刻的思想性和社会性。结尾部分的“短歌”与“长歌”首尾呼应，进一步深化了主题，使全歌更富有感召力和思想内涵。本文通过简洁易懂的评介和译注，在彰显作品思想主题的同时，使作品更易于阅读和理解。

关键词：山上忆良；贫穷问答歌；长歌；短歌（反歌）

Comments and Translation Notes of *Poverty Quiz and Short Song*

WANG Mingqing
School of Foreign Languages，University of Electronic Science and Technology of China

Abstract: “Poverty Quiz and Short Song” is an outstanding work created by famous Japanese singer Miyuki Yamashiri in Japan. It consists of two parts：long song and short song（anti-song）. In the long song section，the author upholds the spirit of morality and love of the people，and learns about the social evils and the hardships of the people. By inquiring and answering from two “poor scholars”，the author indirectly reflects the fact that the “Bantian system” made the people poor and hungry，and exposed the sharp social contradictions.“Ask” and “Answer” are matched and interesting. The accusations and whippings of the imperialist Lieutenant directly reflected the stupid corruption of the central government and even the entire unreasonable social system，giving the work a profound ideological and social character. At end of the work，short songs and long songs echoes back and forth，further deepening the theme，so that the whole song is more charismatic and ideological connotation. This article，through simple，easy-to-understand comments and translation notes，makes the work easier to read and understand while highlighting the theme of the work.

Key words: Yoshihiro Yamashita；Poverty Quiz；Long Song；Short Song（anti-song）

《万叶集》是日本历史上第一部和歌总集，成书于 8 世纪后叶[1]，书中收录的作品始于 4 世纪初至 8 世纪中期，时间跨度长达 450 余年。全书共计二十卷，收录作品 4500 余首，其中尤以短歌为主，计 4200 余首，长歌约 260 首，旋头歌 60 首（加藤周一，1996：65），连歌及佛足石歌各 1 首。诗歌体裁主要分为长歌、短歌、旋头歌、片歌、连歌及佛足石歌等。作者遍及社会各个阶层，上至王公贵族、达官显贵，下有渔夫歌女、戍边士卒、庶民乞丐，不一而足。仅署名作者即有 478 人，外有无名氏多人。作品的题材主要包括描写男女恋情的相闻歌、表达吊祭追缅之情的挽歌和反映当时社会生活风貌的杂歌等三大类。该书位居日本三大歌集之首，对日本文学的发展产生了深远的影响。《万叶集》的和歌创作一般分为四个时期，其中第三个创作时期的代表歌人之一山上忆良，以质朴雄浑的沉郁歌风，饱蘸浓墨的凝练笔触，为后人留下诸多反映民间疾苦、讴歌生命、礼赞人间挚爱的优秀作品，别具风采，独树一帜。

一

山上忆良生活于日本藤原京时代至奈良朝中期（660—733 年），出身于寒微的氏族家庭，祖上曾为“百济”的名门望族（辰巳正明，2011：103）。日本大宝元年（701 年）42 岁时，因与执节使粟田真人的宗亲关系（中西进，1991：101）和渊博的汉学素养得以“遣唐使团少录”（书记员）身份随同第 7 批遣唐使团受命远涉重洋出使我国唐都长安。船行至筑紫因飓风受阻。翌年 6 月经由南路（我国扬州）历尽艰辛，终于 10 月抵达长安（中西进，1991：58）。这也是日本朝廷在 669 年派遣第 6 批遣唐使团之后，时隔 32 年再次派遣的遣唐使团。山上忆良早年因接受家庭儒佛典籍教育，幼时起即通晓汉文，成年后更是喜习汉诗，学识渊博。来长安后，对唐朝文化的高度繁荣和博大精深景仰不已，在 702 年 10 月至 704 年 7 月[2]约近两年的时间里，广泛地接触和研究了佛教、道教和儒教，尤其是深受我国文学典籍的熏陶和影响，汉学造诣深厚，为日后的文学创作奠定了坚实的基础。704 年回到日本后，历任“伯耆守”[3]“东宫侍讲”[4]“筑前守”[5]等职。其作品主要集中收录于《万叶集》第五卷，包括长歌 10 首，短歌 63 首，旋头歌 1 首，汉诗 2 篇及汉文序和评论文章等（西泽正史，2001：393）。另有由山上忆良分类编纂今已迷失的古和歌集《类聚歌林》七卷，该书后来一度成为编撰《万叶集》的重要参考资料，其中，绝大部分作品均创作于 726 年 67 岁高龄时任“筑前守”至 733 年病殁约 6 年多的时间里，之前的作品仅有短歌 6 首。山上忆良的作品在思想内容上可归纳为三个部分。一是对人生追求之底蕴透露出的对美好生活的憧憬和企盼。如《老身重病经年辛苦及思子儿等歌七首长一首短六首》《沉痾自哀文》等，在慨叹“我犯何罪，遭此重疾”的同时，流露出强烈的对生的渴望。二是缱绻缠绵的父母亲情。如《思子等歌一首并序》《罢宴歌》《令反惑情歌》等，表现了对父母妻儿真挚浓烈的感人情怀，并倡导孝道，在作品中写道。“尊敬父母爱妻儿，此乃人间之常理”，从而“使歌的个人感情染上伦理的色彩”。三是对人世间贫富不均的愤慨与叹息。如《贫穷问答歌一首并短歌一首》《哀世间难住歌一首并序》等，表达了作者关注社会，忧心民瘼的高尚情怀。

《贫穷问答歌一首并短歌一首》是山上忆良“筑前守”任届期满回到都城奈良后创作的。（辰巳正明，2011：103）该作品迄今为止在国内外均有较多的研究或论述。诸如，通过比较山上忆良使唐接受王梵志《贫穷田舍汉》、杜甫《兵车行》等汉文化的影响论述其作品的思想性与前述二者间的相似或相同之处（静永健，陈翀：2017：119）；在对比分析《诗经》与《万叶集》产生的社会基础和背景等的基础上，对比我国汉晋时期的咏贫诗，阐述“贫穷”的内在含义及其社会根源性问题；（陈岩，1990：56）结合日本古代“班田制”的社会现实，论述作品揭示的深刻的思想性和社会性（赵乐甡 1983：84）；在人物形象塑造上所体现的中国传统儒释文化及魏晋隐遁文学的影响和特点；（赵海涛，2013：134）作品中的贫士形象绝非是作者自身的真实写照，更多的是来自于任伯耆守和筑前守时期对天下苍生困窘生活的观照和再现；（稻冈耕二，2010：258-269）《贫穷问答歌》是身为封建政府官吏的山上忆良基于儒家思想意识对庶民百姓穷困生活的关切与同情；（三村晃功，寺田真知夫，2005：22-23）山上忆良深受中国诗歌“述志”“言志”的影响，在作品的长歌部分借助两位贫士的问答引导出“贫穷”的思想主题，在日本和歌的表现上具有划时代的意义。作品中的“粗盐（堅塩）”、糟酒（糟湯酒）、咳漱连连（咳かひ）等词语表现更是山上忆良独创（孤語），且多达 27 处（多田一臣，2004：89-93）。

二

《贫穷问答歌》既迥异于同时代歌人醉心于歌咏风花雪月自然风情的创作风格，也区别于作者之前注重儒释哲学思想内容的部分作品，作者秉承知识分子的正直品格和强烈的入世精神，以现实的直观认识和深邃敏锐的目光，透视人生真谛，揭示了深刻的社会矛盾。这一点与作者“日本和歌情绪化的东西太多。重于写景而鲜少及人，脱离了实际生活。”“身为社会之一员，应该更多地去描写人的内心真情实感。”（井上弘，1983：52）的思想不谋而合。结合山上忆良晚年命运多舛，在 67 岁高龄时才由都城奈良被派往偏远的南部筑前任职，身体抱恙，直至病殁前两年的 731 年才得到许可回到魂牵梦绕的都城奈良的凄楚经历，不难看出其内心“望帝春心托杜鹃”的不尽哀怨和“锦瑟无端五十弦，一弦一柱思华年”的失意与感伤。不幸落魄的人生境遇也促使作者更加贴近现实，目睹庶民百姓生活的凄苦无助，无疑更激发作者内心的愤懑与不平。《贫穷问答歌一首并短歌一首》的创作既是作者此种心境的真实写照，也是作者被誉为“社会诗人”的重要原因之一。

作品分为长歌和短歌两部分。前一部分的长歌围绕深刻的社会问题——贫穷，通过作者精心塑造的“貧しき人”和“吾よりも貧しき人”二者的问答，凸现了主题。两段问答紧凑自然，相映生辉。不论是前者的“问”，抑或是后者的“答”，无不紧贴主题，逐步深入，层层入扣并贯穿始终。作者俨然置身事外，从旁观者的角度，以第三人称的叙述形式情注笔端，娓娓道出两位贫士的凄楚生活和悲惨境遇。作者饱蘸浓墨着意刻画的贫士形象，毋庸讳言，并非是作者现实生活的简单摹写，而是作者以独到的人生感悟，崭新的艺术视角，目睹“班田制”下民不聊生、饿殍载道之残酷的社会现实，有感而发，正所谓“诗者，人心之感物而形于言之余也”，是广大平民百姓的“贫穷困苦”触发了作者的创作激情，向世人袒露作者关心民间疾苦，倡导人间平等的博大胸怀。起首部分的“風雑じり雨降る夜の　雨雑じり雪降る夜は”两句是一组对偶句，是对情景的交代和气氛的渲染，为全篇主题承负着预示和铺垫的作用。在貌似单纯的句式排列之深层，隐含一种时间的推移——由“风狂雨骤”的“动”至“雨疏雪漫”的“静”的嬗变和发展。“静”是“动”急遽变化的终极，是叙述的进一步深化，暗示了情况发展得愈加恶劣，于无形之中给人以愈发沉重的窒息般的迫力，如身临其境，不寒而栗。一切都是那么的简洁自然，顺理成章，毫无牵强附会、矫揉造作之嫌。结合全篇的思想主题，不妨认为开首的两句也是现实社会的一种缩影，折射出生活在社会底层的平民百姓因生活条件的每况愈下，贫困交加，度日维艰。这种深沉含蓄又力透纸背的巧妙铺设，预示了摄人心魄的重大事件的即将发生，是贫士登场的前奏曲，是为“问”的深入预埋引线，烘托气氛，使总体叙述衔接紧密相辅相成。

在凄冷的寒夜里，一位胡须稀疏的清贫老者生活窘迫，缺衣少食，以黑盐为肴，借“糟汤酒”御寒，酒苦盐咸，咳嗽不断，涕泪涟涟。怎堪那寒夜漫长，雨雪肆虐，几杯冷酒又何济于事？无奈之余，磬其所有御寒衣物悉裹上身。麻布衣衾薄，人冷心更寒。如果贫士的吟咏哀叹仅仅局限于自身，即便苦楚再多，哀怨再深，终难产生振聋发聩的巨大感染力，引发人们的共鸣，自然也不能成其为“问”。难能可贵的是贫士能够由己及人，为那些生活更加穷蹙凄苦、饥寒交迫的劳苦大众忧心忡忡，殚精竭虑。“我よりも貧しき人の　父母は飢ゑ寒ゆらむ　妻子どもは乞ふ乞ふ泣く　此の時はいかにしつつか　汝が世は渡る。”这一“问”转瞬之间将贫士的思想境界推向崭新的高度，实现贫士高尚的道德意识的飞跃和升华。这一“问”，感铭肺腑，撼人心弦，如一簇跳跃的火花照亮暗夜，映现出贫士崇高的内心世界。它看似信手拈来，平淡无奇。但是，就在这表象的深层凝结深刻的思想内涵，真实完美地昭示了山上忆良心系天下，为民分忧的社会意识和爱民思想，它与穷奢极欲置平民百姓的“贫穷困苦”于惘闻的统治阶级形成了鲜明的对比，意味隽永，耐人寻味。

尽管“问”中之贫士满含悲愤的倾诉已是凄恻哀婉，催人泪下，但作者犹嫌不够，又借“答”中贫士之言，将叙述向纵深推进，对黑暗的社会做出更深刻的揭露和剖析，入木三分，进一步深化了主题。“答”中的贫士一家三代衣衫褴褛，枯瘦羸弱，赖以栖身的茅草棚狭窄残破，倾倾欲颓，日久无识饭滋味，甑上结满蜘蛛网，呻吟声声，哀叹绵绵。“屋漏又遭连阴雨。”凶神恶煞般的里长手执笞杖，横立屋前，吆喝吼叫，催租逼役。这对于已濒临绝境的贫士一家而言，无异于雪上加霜，阎啰唆命。宇宙浩邈，却无贫士容身之地；乾坤朗朗，贫士一家却暗无天日。为什么同样生为人，达官贵族花天酒地骄奢淫逸，而平民百姓衣食无着，凄苦悲凉？这朴实无华的字字句句重如千钧，字里行间流淌辛酸，书满了哀怨。这无尽的哀怨和不平因里长的出现转而化为强烈的愤怒，如火山迸发，似烈焰熊熊。里长是封建政府的走卒，里长的催租逼役、横征暴敛皆受命于中央政府。而名目繁多的苛捐杂税和肆无忌惮的横征暴敛是造成平民百姓“贫穷困苦”、流离失所的根本原因。因此，对里长的指斥和鞭挞直接影射昏庸腐败的中央政府乃至整个不合理的社会制度。

三

历史上的封建政府，历朝历代无一不是采取强权政策和残暴手段，剥夺人民的人身自由，迫使人民低眉顺耳，俯首听命，容不得半点忤逆和反抗。广大的平民百姓怨苦无处诉，愤恨无人知。山上忆良以统治阶级少有的道义精神和爱民思想，洞悉社会积弊，体察民间疾苦，以婉转深沉的笔触说出了人民大众淤积已久的愤懑与哀怨，表达了人们对腐朽黑暗的社会制度的强烈控诉和诅咒。这在当时的社会条件下是极其难得的。众所周知，文学创作来源于生活，它不可能脱离一定的政治、经济、文化的影响而自行发展。身为作家，你可以苦心孤诣地在自己的理想王国里徜徉、徘徊，醉心于风花雪月，低吟浅唱，绝无可能切断思想意识和时代氛围千丝万缕的联系。尤其是一位优秀的作家，一部优秀的作品，不论你愿意与否，往往在客观上或事实上容涵了时代的气息，印证有时代的辙痕。人的心灵本性决定了人往往会在某种特定环境中无意识地将思想感情移入外部对象。因而，《贫穷问答歌》仅仅是身为统治阶级或曾经为统治阶级之一员的山上忆良目睹平民百姓的困苦生活和悲惨命运所流露出的同情和恻隐之心，尚难以上升到阶级意识和社会批判的高度。尽管山上忆良作为或曾经作为统治阶级的一名官吏，不大可能具有多么高尚的思想境界，也不可能完全站到人民的一边，代表广大民众与统治阶级抗争，但是，作品本身所透露出的浓厚的社会思想和批判意识是不应抹杀和贬低的。

长歌中的两位贫士所占据的"第一人称"的位置，其实是作者的"第三人称"实乃"第一人称"位置之替换。这种叙述形式使作者本身与作品纠缠在一起，难解难分，产生更强的艺术感召力。同时，也给作者营造了更广阔的艺术空间，游刃自如。因此，诉诸笔端，倾泻于字里行间的点点滴滴，无一不是作者内心情感的凝结，如串串珠玑熠熠夺目。有人认为，此种手法是山上忆良借鉴了我国扬雄的"逐贫赋"或陶渊明的"形影神并序"。但仅就在其之前的日本文学史上史无先例一点而言，无疑开了日本文学之先河，其意义之深远自不待言。

继"长歌"之后的"短歌"即"长歌"的"反歌"，是"长歌"的末尾"斯くばかり術なきものか　世間の道"的变换表现形式，言简意赅，与"长歌"前后呼应，有机地融为一体，进一步深化了主题，使全歌跌宕起伏，意境宽厚，并总括全文，进入更高的境界。这也许正是《万叶集》的编者将"反歌"作为"短歌"来处理的目的所在。

如前所述，尽管山上忆良着意刻画的贫士形象并非是作者实际生活的真实写照，但作者在"问"　"答"的铺陈叙述中，巧妙地穿插编织了作者内心世界的独白。"しかとあらぬ鬚かき撫でて　我を除きて人はあらじと誇るへど"，可是，现实带给山上忆良的是诸多的失意和不平，"天地は広しといへど　吾がためは狭くやなりぬる　月日は明かしといへど　吾がためは照りや給はぬ"。联想到山上忆良 42 岁始得机会以无位的"少录"身份随使团入唐，其后经"伯耆守""东宫侍讲"，精心服侍"东宫"3 年有余（721—724 年）。然"东宫"一俟继位成为圣武天皇之后，全不念旧谊，将 67 岁高龄且体弱多病的山上忆良派到远乡僻壤的筑紫（"天離る鄙"）任筑前守。他在此一待就是 5 年。72 岁耄耋之年离任返回京城奈良，一生的仕途生涯就此终结。从他的坎坷经历，不难看出上述吟咏在表现贫士对人世不平的概叹和愤怒的同时，流露了作者怀才不遇、仕途多骞

的郁悒和抱怨，并且，在极度的悲观失望中，恨不能化作飞鸟，离开这充满不平的秽土。山上忆良终因其阶级局限性，采取了逃避现实的消极态度，缺乏与统治阶级抗争的决心，自然更无法指出消除贫困、解决社会矛盾的根本出路。

四

历史上有个性有风格的作家都有自己观照生活的独特方式。各种方式之中，往往熔铸了作家的哲学意识、人生态度和历史感悟。山上忆良以自己独特的观照方式洞悉社会，关心民众，讴歌人生。同时，借贫士之口一语双关地倾诉自己怀才不遇、仕途坎坷的感慨与忧愤。这两种感情交织重叠，互为映衬又融为一体，似一柄利剑，矛头直指腐朽、黑暗的社会制度，堪称是蕴涵了强烈的思想性和社会性的优秀作品。《贫穷问答歌》为民而做，也必将为人民所世代传诵，流芳百世。

最后应该指出的是这首长歌在表现形式上有很多对偶句。这些对偶句对于深化主题，昭示作品的思想性和社会性，提升作品的艺术感召力，凸显文章的艺术特色等都是不可或缺的。

風雑り雨降る夜の
雨雑り雪降る夜は

堅塩を取りつづしろひ
糟湯酒　うちすすりひて

父母は飢ゑ寒ゆらむ
妻子どもは乞ふ乞ふ泣くらむ

天地は広しといへども吾がためは狭くやなりぬる
月日は明かしといへども吾がためは照りや給はぬ

わくらばに　人とはあるを
人並みに　　吾も作るを

父母は枕の方に
妻子どもは足の方に

竈には火気ふき立てず
甑には蜘蛛の巣かきて

五

貧窮問答の歌一首（短歌を併せたり）

贫穷问答歌并短歌一首

問

風雑(ま)じり 雨 降る 夜(よ) の[6]，雨雑じり 雪降る 夜(よ) は，
ラ四.用 ラ四.体 格助 ラ四.用 ラ四.体 係助

朔风霖雨夜沉沉，雨雪氛氛杂糅时，

術(すべ) も なく[7] 寒く し あれ ば[8]，
係助 形ク.用 形ク.用 副 補（ラ変）已 接助

室如悬磬穷蹙蹙，衣单无奈砭骨寒，

堅塩(かたしほ)[9] を 取りつづしろひ[10]，糟湯酒(かすゆざけ)[11] うち啜(すす)ろひ て[12]，
格助 ハ四.用（複）（止） ハ四.用 接助

珍馐肴馔梦难求，惜有粗盐就糟酒，

咳(しはぶ)かひ[13] 鼻 びしびしに[14]，しかと あら ぬ 鬚(ひげ)[15] かき撫(な)で て
カ四.未継.用 副 副 ラ変.未 消.連体 ダ下二.用 接助

涕泗滂湲咳不断，忼然捻须尤自许，

我(あれ) を 除(お)き て[16] 人 は あら じ と[17] 誇(ほこ)ろへ ど[18]，
代名 格助 カ四.用 接助 係助 ラ変.未 消推.終 格助 ハ四.已 接助

世间溷浊独吾清，须髯稀疏昭质存，

寒く し あれ ば，麻(あさ) 衾(ぶすま)[19] 引き被(かがふ)り[20]，
形ク.用 副助 補（ラ変）.已 接助 ラ四.用（複）

凄风苦雨雪漫舞，麻衾奈何透骨寒，

布(ぬの) 肩(かた) 衣(ぎぬ)[21] 有り の ことごと[22]，服襲(きそ)へ ども[23] 寒き 夜 すら を[24]，
格助 ハ四.已（複） 接助 形ク.体 副助 間助

杂遝坎肩悉数披，遥夜欷歔不堪言，

我(われ) より も 貧しき 人 の 父母は 餓(う)ゑ寒(こ)ゆ らむ[25]，
代名 格助 係助 形シク.体 格助 係助 ヤ下二.終（複） 現推.終

更有贫士尤甚我，父母饥寒心憯怛，

妻子(めこ)ども は 乞(こ)ふ乞ふ 泣く らむ[26]，此(こ) の 時 は いかに し つつ か[27]，
係助 ハ四.終（副） カ四.終 現推.終 代名 格助 係助 副助 サ変.用 接助 係助（係）

浮生*蹇剥徒奈何*，妻孥乞食泪涟涟，

汝(な) が 世 は 渡る。
代名 格助 係助 ラ四.体（結）

尔等渡世何艰难。

答

天地(あめつち) は 広し と いへ ど，吾(あ) が ため は[28] 狭(さ)く や なり ぬる[29]。
係助 形ク.終 格助 ハ四.已 接助 代名 格助 係助 形ク.用 係助（係） ラ四.用 完.体（結）

天地块圠寰宇阔，缘何于我独狭窄，
月日は明かしといへど，吾がためは照りや給はぬ[30]。
係助　形ク．終　格助　ハ四．己　接助　代名　格助　係助　ラ四．用　係助（係）　補尊．未　消．体（結）

日月昭昭乾坤朗，云翳何独蔽我身？！
人皆か吾のみや然る[31]，わくらばに[32]人とはあるを[33]
係助．（終）　代名　副助　係助（係）　ラ変．体（結）　副　格助　係助　ラ変．体　接助

芸芸众生皆如此，抑或唯我命里蹇？！
人並みに吾も作るを[34]，綿もなき布肩衣の，
格助　代名　係助　ラ四．体　接助　係助　形ク．体　格助

随同众生植嘉谷，无棉坎肩冷瑟瑟，
海松の如[35]わわけさがれる[36]，襤褸のみ肩にうち掛け，
格助　比．語幹　ラ四．命（複）　完．体　副助　格助　カ下二．用（止）

零乱垂落似海藻，褴褛披散蔽体难，
伏廬の曲廬[37]の内に，直土に[38]藁解き敷きて，
格助　格助　格助　格助　カ四．用（複）　接助

茅残庐破且容身，藁柴为铺席地卧，
父母は枕の方に[39]，妻子どもは足の方に，
係助　格助　格助　係助　格助　格助

父母枕际添愁约，妻孥脚边蹉难眠，
囲み居て[40]憂へ吟ひ[41]，竈には火気ふき立てず，
ワ上一．用（複）　接助　ハ四．用（複）　格助　係助　タ下二．用（複）　消．用

围坐怊怅生计蹙，灶火久断烟尘绝，
甑には蜘蛛の巣懸きて，飯炊く事も忘れて，
格助　係助　格助　カ四．用　接助　カ四．体　係助　ラ下二．用　接助

甑上无炊挂蛛巢，日久无识饭滋味，
鵺鳥の[42]呻吟ひ居るに，
（枕）　ラ変．体（複）　格助

遭时屯坎吁嗟时，
いとのきて[43]短き物を端截る[44]と言へるが如く[45]，
副　形ク．体　格助　ラ四．終　格助　ハ四．命　完．体　格助　比．用

屋漏偏遇连阴雨，祸患殷忧纷遝至，
楚[46]取る里長が声は[47]，寝屋戸まで[48]来立ち呼ばひぬ[49]，
ラ四．体　格助　係助　副助　バ四．未（複）　継．用　完．終

鲸鲵里长汹煞煞，舞杖逼租横屋前，
斯くばかり術なくものか，世間の道。
副　副助　形ク．体　係助．（終）　格助

惨怛无冀心枯槁，生死不卒浊世艰。

短歌（反歌）

世間（よのなか）を 憂（う）し と やさし と[50]思へ ども，

格助 形ク．終 格助 形シク．終 格助 ハ四．已 接助

苦雨凄风事难休，穷悴慽忧渺无边，

飛び立ちかね つ[51]，鳥に し あら ね ば[52]。

ナ下二．用（複） 確．終 断．用 副助 補（ラ変）未 消．已 接助

欲化飞鸟远秽土，恨无鹘翅遁世间。

注

[1] 有关《万叶集》成书年代，众说纷纭。本文综合采用参考文献 14，34 页和 5，226 页的观点。

[2] 有关山上忆良使唐时间的说法主要有二，一是参考文献 2，103 页、3，77 页和 4，315 页；二是参考文献 2，3 页和 3，77 页。

[3] 伯耆守（ほうきのかみ）：伯耆地方行政长官官职。“伯耆”为日本古地名，现鸟取县中西部。“守”，长官之意。时间 716 年 4 月至 721 年 1 月。

[4] 東宮侍講（とうぐうじかう）：“東宮”，皇太子的尊称，时为首皇子，三年后（724 年）即天皇位是为圣武天皇。“侍講”是指给皇太子讲学者，时有 16 人，山上忆良以从五位下的身份位居第六。时间 721 年 1 月至 724 年 2 月。

[5] 筑前守（ちくぜんのかみ）：筑前地方行政长官官职。“筑前”，日本古地名，现福冈县西北部。时间 726 至 731 年。

[6] の：同格助词。“……雨降る夜の”的“夜”与“……雪降る夜は”的“夜”是同格，表示前后两个相同的事物、现象，相当于口语的“で”。“……雨降る夜の……雪降る夜は”＝ “……雨が降る夜で、……雪が降る夜は”。

[7] 術もなく：“術”意指方法、手段。“術もなく”意为无可奈何。

[8] 寒くしあれば：“し”是副助词，用于加强语意，调整语调，在此接连用形后。“ば”是表示顺接确定条件的接续助词，接用言已然形后，在此表示原因、理由。“あれ”是补助动词“あり”（此处接形容词“寒し”的连用形“寒く”后，以助其状态的表现）的已然形。寒くしあれば＝寒いので。因为寒冷，所以……

[9] 堅塩（かたしほ）：粗制的块状食盐。

[10] 取りつづしろひ：“つづしろ”的“ろ”是“嘰（つづし）る（ラ行四段动词。一点一点舔食之意）”的未然形，“嘰ら”的“ら”的转化音。“つづしろひ”的“ひ”是反复、继续助动词“ふ（四段型）”的连用形。“ふ”接在四段未然形下面，构成“つづしろふ”，其连用形“つづしろひ”是中顿法，表示与下一句是并列关系。“取りつづしろひ”即取来一点点反复舔食之意。

[11] 糟湯酒（かすゆざけ）：用开水沏酒糟而得的糟酒。穷人无钱买酒，无奈聊以此代酒。

[12] うち啜（すす）ろひて（――いて）：“うち”为接头词，接在动词前面加强语气，调整语感。“すすろひ”的“ろ”是“啜る（ラ行四段动词）”的未然形“啜ら”的“ら”的转化音。“すすろひ”的“ひ”是反复、继续助动词“ふ”的连用形，后续接续助词“て”构成“うちすすろひて”，意思是连续不断地啜饮。

[13] 咳(しはぶ)かひ（咳かい）：“咳か”是“咳く（カ行四段动词）”的未然形。“ひ”是反复、继续助动词“ふ”的连用形，用法同注[8]。“咳かひ”意为咳嗽不止。

[14] 鼻びしびしに：吸抽鼻涕的拟声词。

[15] しかとあらぬ鬚(ひげ)：“しかと”，副词，意谓整齐。“あらぬ”的“あら”是ラ变动词“あり”的未然形，“ぬ”是否定助动词“ず”的连体形，接在活用词的未然形后面。“あらぬ鬚”＝ない鬚。“しかとあらぬ鬚”：散乱稀疏的胡须。

[16] 我(あれ)を除(お)きて：除我之外。

[17] 人はあらじと：“あらじ”的“あら”是ラ变动词“あり”的未然形。“じ”是否定推量助动词，接在用言未然形后面。“あらじ”＝ないだろう。“と”为助词，表示引用。“人はあらじと”＝人らしい人はないだろうと：谁人又会名副其实。

[18] 誇(ほこ)ろへど：“誇ろへ”的“ろ”是“誇る（ラ行四段动词）”的未然形，“誇ら”的“ら”的转化音。“へ”是反复、继续助动词（四段型）“ふ”的已然形。“ど”是表示逆接确定条件的接续助词，接在用言已然形后面，相当于口语的“けれど”。“誇ろへど”＝しきりに自慢しているけれど：虽然不断地自夸。

[19] 麻衾(あさぶすま)：用麻布做的被褥、毯等粗陋的铺盖。

[20] 引(ひ)き被(かがふ)り：被(かがふ)る＝被る。ひき被り＝ひっかぶり：猛然地盖上。

[21] 布肩衣(ぬのかたぎぬ)：粗布做的坎肩、背心。

[22] 有りのことごと：“有り”是ラ变动词“有り”的连用形，在这里用做名词。“ことごと（悉）”：名词，意为全部。“有りのことごと”：磬其所有。

[23] 服襲(きそ)へども（服襲えども）：“服”是カ行上一段动词“服る”的连用形，“襲へ”是“襲ふ（ハ行四段动词，意为层层添加衣服）”的已然形。“ども”是表示逆接确定条件的接续助词，接在用言已然形后面，用法同“ど”（参见注[18]），相当于口语的“けれども”。“服襲へども”：重ねて着るけれど：虽然衣服穿了一层又一层。

[24] 寒き夜すらを：“すら”副助词，表示发生与其承接词相反的预想事态。却、反倒之意，相当于口语的“のに”。“を”是表示咏叹的间投助词，相当于口语的“なあ”。寒き夜すらを：寒い夜なのになあ（暖かくすることもできない）：夜晚寒冷，无以取暖凄苦不堪。

[25] 飢(う)ゑ寒(こ)ゆらむ（飢え寒ゆらん）：“飢ゑ”是ワ行下二段动词“飢う”的连用形。“らむ”是推量助动词，表示对不在眼前的现存事实的推量，相当于口语的“……ているだろう”。

“寒ゆ”是当时“寒”的训读音。全句意思相当于口语的“お腹が空いてこごえているだろう”：正在忍受饥寒的煎熬吧。

[26] 乞う乞う泣くらむ（乞う乞う泣くらん）：“乞う乞う”是“乞う（ハ行四段）”的终止形的重叠，表示其动作的反复。“らむ”是推量助动词，用法同前注[25]。全句的意思是：正在乞食啼唤吧。

[27] いかにしつつか：“いかに”是副词，意同“どのように”。“し”是サ变动词“す”的连用形。“つつ”是表示继续的接续助词。全句意思相当于口语的どのようにして……ているか。

[28] 吾がためは：“が”是格助词，表示连体格，相当于口语的“の”。“ため”是形式名词。全句的意思相当于口语的：わたしのためには：对于我、于我。

[29] 狭(さ)くやなりぬる：“狭く”是形容词ク活用“狭し”的连用形，在此做副词。“や”是系助词，

在句中表示质问，接在各种词后面。相当于口语的“……か”。“なり”是“なる”（ラ行四段）的连用形。“ぬる”是完了助动词“ぬ（ナ变形）”的连体形。“ぬ”的意义相当于口语的“……た”、“……てしまった”，接在活用词的连用形后面。“なりぬ”即是“なってしまった”的意思。但是因为句中有系助词“や”，所以要求结句的活用词用连体形，构成“……やなりぬる”。这是系结法（係結びの法則）的一种用法。全句的意思是：せまくなってしまったのか：究竟为什么变得狭窄了呢。

[30] 照りや給はぬ（照りや給わぬ）：“ぬ”是否定助动词“ず”的连体形，接在用言未然形后面。“給は”是“給ふ（ハ行四段）”的未然形。“給ふ”是“与ふ”的尊敬语，相当于口语的“くださる”。“や”的用法同注[27]。所以，结句的活用词“給はず”要以其连体形“給はぬ”表示。全句的意思是：照ってはくださらないのか：为什么不照我呢。

[31] 吾のみや然る：“のみ”是表示限定的副助词，相当于口语的“だけ”。“や”是系助词，用法同前注 27），要求活用词以连体形结句。“然る”是“然り（ラ变动词）”的连体形，“然り”意为像那样、如是，相当于口语的“そのようだ”。全句的意思是：わたしだけがそうなのか：唯独我是这样吗。

[32] わくらばに（邂逅に）：副词。幸而有机会之意。

[33] 人とはあるを：“と”是格助词，表示变化的结果。“は”是系助词，表示确定条件的逆接，接在活用词连体形后面。相当于口语的“……のに”“……ものを”。全句的意思是：人間として生まれてきたものを：投胎来到人间却……

[34] 吾も作るを：“も”是系助词，表示递进，用法同口语中的“も”。“を”是接续助词，表示确定条件的逆接，用法同注[31]。“作る”是ラ行四段动词“作る”的连体形。“作る”是耕田的意思。全句的意思是：私も耕作しているのに：我也耕作却……

[35] 海松の如：“海松”，生长在浅海岩石上的海藻，色呈深绿色。“如”，助动词“ごとし”的词干，上接“体言＋の”的形式，构成连用修饰语。海松の如＝海松のように。修饰下一句“わわけさがれる”。

[36] わわけさがれる：“わわけ”是“わわく（カ行下二段）”的连用形。“わわく”意为破乱。“さがれる”的“さがれ”是“下がる（ラ行四段）”的已然形。“る”是完了助动词“リ”的连体形，接四段已然形后面，在此表示存续态。さがれる……＝さがっている……わわけさがれる＝ぼろぼろに破れてぶらさがっている。作为连体修饰语修饰下句的“襤褸”。此句意谓：零乱垂落着的……

[37] 伏盧の曲盧：“の”同格助词，用法同注[4]。“伏盧”，破旧的茅草屋。“曲盧”：摇摇欲倾的茅屋。

[38] 直土に：形容动词ナリ活用的连用形，作副词用，表示直接接触地面。

[39] 枕の方に：“方”，表示位置、地点。

[40] 囲み居て：“囲み”是“囲む（マ行四段）”的连用形，意思同于“囲む”。全句的意思是：（私を）囲んですわって。围（我而）坐。

[41] 憂へ吟ひ：“憂へ”是“憂ふ（ハ行下二段）”的连用形。“吟ひ”是“吟ふ（ハ行四段）”的连用形，表示中顿，用于句子并列，相当于口语的“嘆きうめいて”。全句意思是：忧愁叹息。

[42] 鵺鳥の：枕词（古语修辞的一种），冠在“呻吟ふ”之上。“鵺鳥”，鸟名，也叫“トラツグ”，中国叫“虎斑地鸫”，在此修饰“呻吟ふ”并调整语调。一般可不译。

[43] いとのきて：副词。“いと”，副词，意为“たいそう”“非常に”。“のきて”的“のき”是“除

く”之意。“いとのきて”是复合副词，意为さらに加えて。いやがうえに。とりわけ。（烦恼不幸接踵而至）真是……

[44] 短き物を端截る：当时的谚语。意为短物本已嫌短再截去一端，就愈发短了。比喻在苦难中又遇到了新的苦难。

[45] 言へるが如く（言えるが如く）：“言へる”的“言へ”是“言ふ（ハ行四段）”的已然形。“る”是完了助动词“り”（在此表示存续状态）的连体形，接四段动词已然形。“言へる”＝言っている……“が如く”的“如く”是“如し”的连用形。“が如く”上接连体形，“言へるが如く”＝言っているように。“いとのきて……と言へるが如く”：真如所说……

[46] 楚：笞杖等刑具。

[47] 里長が声：“里”，日本古代地方行政单位之一，管辖五十户人家。“里長”，管辖五十户人家的行政官职。“が”，格助词，在此表示连体格，相当于口语的“の”。里長が声は＝里長の声は。

[48] 寝屋戸まで：寝屋の入口まで。逼租讨债来到屋前。

[49] 来立ち呼ばひぬ：“呼ば”是“呼ぶ（ハ行四段）”的未然形。“ひ”是反复、继续助动词“ふ”的连用形，用法同前注8）。“ぬ”完了助动词“ぬ”的终止形，相当于口语的“た”。“呼ばひぬ”＝何度も呼び続けていた。不断地呼喝。

[50] 憂しとやさしと：“憂し”，形容词ク活用终止形，相当于口语的“つらい”，忧愁、惨痛的意思。“やさし”是“痩す（やす）（サ行下二段）”的形容词化，身体枯瘦的意思。“と”是表示引用的格助词。“憂しと”和“やさしと”两者皆接续“思へども”。世間を憂しとやさしと思へども＝この世の中をつらいと思い、また身も細るように思うけれど。世道惨淡，身心枯槁，虽然想……

[51] 飛び立ちかねつ：“かね”是“かぬ（接尾词ナ行下二段，接在动词连用形下面表示难以……）”的连用形。“つ”，完了助动词，接在用言连用形下面。在此表示强调、确认。全句的意思是：飛び立つこともできない。欲飞不能。

[52] 鳥にしあらねば：“に”，判断助动词“なり”的连用形，相当于口语的断判助动词“だ”的连用形“で”。“し”，副助词，用于加强语意。“鳥にし……”＝鳥で……“あらねば”的“あら”是补助动词ラ变“あり”的未然形。“ね”是否定助动词“ず”的已然形，接在用言未然形下面。“ば”表示原因、理由（顺接）的接续助词，接在活用词的已然形下面。“……あらねば”＝ないから。鳥にしあらねば＝鳥ではないから。因为不是鸟……

参 考 文 献

[1] 加藤周一. 日本文学史序说（上、下）[M]. 东京：筑摩书房出版社，1996.

[2] 辰巳正明. 山上忆良[M]. 东京：笠间书院出版社，2011.

[3] 中西进. 山上忆良 人と作品[M]. 东京：樱枫社社，1991.

[4] 稻冈耕二. 山上忆良[M]. 东京：吉川弘文馆，2010.

[5] 大久保正，稻冈耕二. 日本文学全史 1[M]. 东京：学灯社，2001.

[6] 西泽正史. 古典文学鉴赏词典[M]. 东京：东京堂出版社，2001.

[7] 静永健，陈翀. 王梵志诗集在日本——兼论山上忆良与杜甫诗的关系[J]. 中国文学研究（辑刊），2017：119-129.

[8] 陈岩.《贫穷问答歌》与汉晋咏贫诗[J]. 日本研究，1990（2）：56-60.

[9] 赵乐甡. 山上忆良论—《万叶集》研究之一[J]. 吉林大学社会科学学报，1983（4）：84-87.

[10] 赵海涛. 山上忆良《贫穷问答歌》的文儒形象摅议[J]. 黑龙江工业学院学报（综合版），2013（2）：134-136.

[11] 三村晃功，寺田真知夫，等. 日本古典文学を読む[M]. 大阪市：和泉书院，2005.

[12] 多田一臣. 上代の日本文学[M]. 东京：放送大学教育振兴会，2004.

[13] 井上弘. 古典をめぐる現代文学[M]. 东京：明治书院，1983.

[14] 久保田淳. 日本文学史[M]. 东京：おうふう，2005.

外语教学研究

栏目主编：胡杰辉，男，1979 年生，博士，电子科技大学外国语学院教授，教育部高等学校教学指导委员会委员，中国高等教育学会数字化课程资源建设专业委员会副秘书长。主要研究方向为应用语言学、认知神经语言学。

教学研究不会一蹴而就，教学不止，实践不息。为了实现良性、持续的职业发展，外语教师需要不断学习最新教学理论，同时主动了解所在领域的发展趋势，不断探究、因势利导。只有通过探索和经验分享，我们方能不断内化教学理念，因地制宜、因时制宜，达到理论与实践的融合，形成有效的教学方法，逐步提升教学质量，为国家更好地培养人才。本栏目收录的 3 篇论文反映了一线教师的实践探索。他们或是聚焦本土教育国际化，或是关注对外课程本土化，抑或是对体验式教学进行拓展研究。希望三位老师随着实践的推进，不断有新的收获、产出以及更多的经验分享，也希望广大外语教师更多地参加与外语教学研究，实现教研并举，师生共进。

——胡杰辉

高等教育国际化视域下的高校英语授课研究

电子科技大学外国语学院　李冬青　彭　焱

摘　要：国际化是中国高校迈向世界一流的必由之路。外语授课，特别是英语授课在中国高校国际化进程中起着重要作用，但是目前中国高校外语授课情况并不乐观。授课语言的选择受到多种因素的制约，高校应根据自身情况做出正确选择。

关键词：高等教育国际化；高校英语授课

Internationalization of Higher Education：EMI in Chinese Universities

LI Dongqing，PENG Yan
School of Foreign Languages, University of Electronic Science and Technology of China

Abstract: Internationalization of Higher Education is important for Chinese universities to become world-class. Medium of Instruction，especially English as Medium of Instruction（EMI），helps facilitate their internationalization process. The current situation of EMI is not optimistic. EMI is subject to a variety of factors，and universities should make the right choice based on their own circumstances.

Key words：internationalization of higher education；colleges English as a Medium of Instruction

1　国际化：中国高校迈向世界一流的必由之路

国际化是世界高等教育发展的时代潮流。世界上很多国家都把高等教育国际化作为提升软实力和国际竞争力的重要措施。如加拿大著名学者 Jane Knight（2008：21）所言，如何在高等教育中融入“跨国的、跨文化的或全球的考量”，这是很多国家和大学都在思考的问题。

中国政府也不例外。20 世纪 90 年代启动的“211 工程”和“985 工程”，主要目标即

本文受到四川省社会科学“十三五”规划项目“艾米莉·狄金森中国接受研究（SC16WY010）”以及“电子科技大学 2018 年教学方法与考核方式改革示范课建设项目（2018XJYJ-ZD84）”资助。

是建设一批在世界上有影响力的中国高校，而“国际合作”在其中占据重要位置，“985工程”的建设任务即包括机制创新、队伍建设、平台建设、条件支撑和国际交流与合作五个方面。陆根书、康卉（2015）考察了我国39所“985工程”大学的使命陈述、章程和“十二五”规划文本，发现我国39所“985工程”大学的使命陈述中均涉及高等教育国际化的内容。国家在2015年年底颁布的《统筹推进世界一流大学和一流学科建设总体方案》，也就是所谓“双一流”建设，是中国高等教育领域继“211工程”“985工程”之后的又一国家战略。“双一流”建设明确将“推进国际交流合作，加强与世界一流大学和学术机构的实质性合作，加强国际协同创新，切实提高我国高等教育的国际竞争力和话语权”作为五项改革任务之一。正如王刚、徐立清（2004）所指出的那样，中国高校的国际化进程是我国高等教育走向世界，创建世界一流大学、国际化大学的必由之路。

2　英语授课在高校国际化进程中的重要地位

高等教育的国际化包含多个维度，在这些维度中，授课语言（Medium of Instruction）在其中起到重要的作用。目前，从中国多数高校的实践来看，英语都是除了汉语之外最常用的授课语言，因此，本文所说“授课语言”，除非特别提及，指的都是以英语作为授课语言（EMI，English as Medium of Instruction）。

教育部鼓励高校推动使用英语等外语进行教学。2001年9月，教育部颁发《关于加强高等学校本科教学工作提高教学质量的若干意见》。文件提出要“积极推动使用英语等外语进行教学”，要求“力争三年内，外语教学课程达到所开课程的5%～10%。暂不具备直接用外语讲授条件的学校、专业，可以对部分课程先实行外语教材、中文授课，分步到位。”

在高校国际化进程中，国际化课程起着重要作用。蔡基刚（2012）认为：“教育国际化在最近几年里越来越体现为国际化课程的建设。”程星（2014：23-24）认为，国际化对于非英语国家来说，“主要体现在英语课程的增加”。他考察了韩国英语授课课程的情况，发现近年来在韩国的大学里用英语讲授的课程大幅增加，比如，2008年上学期首尔大学要求用英语教学的课程为592门，占全部课程的12.4%。王刚、徐立清（2004）在研究中提到，高校在课程国际化方面需要加强以下几点：“改革大学英语教学，提高英语综合应用能力”“增加外语教学时数，并努力保证大学四年外语不断线”“增聘外籍教师”“大力引进海外归国人员”“努力增加实施双语教学和用外语教学课程的数量”，等等。由此可见，外语授课语言，特别是英语授课，在高校国际化进程方面起到重要作用。

3　国内高校外语授课现状

3.1　“外语课程”和“双语课程”

关于中国高校英语授课语言课程的相关情况，目前国内研究并不多。笔者曾经以“英语授课”为文件名在中国知网查询，得到91篇文献（截至2018年2月5日），但是对文献的进一步考察发现，绝大多数都是与留学生课程或者中外合作办学相关，或者是所谓的“双语课程”，也就是是用外语（英语）教材，外语（英语）制作课件（如PPT），但是教师用汉语讲解的课程。这些都并非严格意义上的“外语课程”。高教课程国际化对大学的要求需要真正的外语（英语）授课课程：用外语（英语）面向中国学生（或外国学生）开设的课程。

3.2 中国高校全英语课程开设现状

目前中国高校都积极投身国际化进程。那么，在面对国际化进程中的重要因素——外语授课方面，国内高校目前究竟进展如何？至少从笔者的调查看来，情况并不乐观。

笔者首先从西部某高校进行调查。该高校为“985 工程”入选高校，也是首批“双一流”入选高校，实力毋庸置疑。笔者调查了该校三个学院大一、大二所开设的课程：自动化学院和计算机学院的大一、大二所开设的所有课程，以及电子工程学院大一学生所开设的课程，调查方式为学生填写该年级所上的所有课程，并标出哪些课程是用英语授课。调查得知，这些学院的英语授课情况如表 1 所示。

表 1

专业名称	课程总数	外语（英语）授课数量	比例	备注
自动化学院	46	2	4.35%	大二
计算机学院	34	2（双语）	5.88%	大二
电子工程学院	20	3（其中一门为专业课，大学物理）	15%	大一

由于笔者所调查的学生均为大一和大二，当时主要是基础课相对较多而专业课较少。那么，到大三、大四的时候，学生的全英语授课门数会有显著增加吗？笔者从该校教务部门拿到 2016—2017 年度外语课程开设数据，该校共开设 252 门外语授课课程，其中暑期学堂 30 门（在暑假期间集中邀请国外教授开设的为期一周左右的暑期课程），中外合作办学项目课程 74 门（仅该校中外合作项目学生可选），双语课程 100 门（英文 PPT，中文讲解），也就是说，纯粹用外语（英语）开设的课程仅为 26 门。这在全校每年数千门课程中所占的比例几乎可以忽略不计。

用英语开设的课程数量较少，是否与该校地处西南有关？笔者对此进行了进一步查询。根据网上公开资料，国内其他顶级名校以外语为授课语言的课程开设情况似乎也并不乐观。作为中国的顶级名校，北京大学在 2017 年秋季开设的全英语授课课程仅为 263 门，清华大学在 2015 年开设的全英语授课课程仅为 100 余门，离教育部要求的 10%的外语授课课程比例尚有较大差距。

国内高校开设英文课程的情况也可以从其他渠道提供的数据中看出端倪。根据中国教育国际交流协会发布的“2015 中国高等教育国际化发展状况调查报告”，如果不包含外语类课程，国内普通本科院校校均使用全外语授课的课程（不含外语类课程）仅为 42 门，“985”高校约 200 余门。国内高校全外语授课课程（不含外语类课程）门数在开设课程总门数中所占的比例平均为 2.7%，并且，“各类型高校之间的差距并不大”。

4 国内高校外语授课所面临的挑战

虽然对国内高校，特别是有志于建设世界一流大学的高校而言，授课语言非常重要，但是目前国内高校在使用外语授课时，也存在一系列挑战。

4.1 对民族情感和国家政策的挑战

从民族情感方面，很多人容易把外语授课上升到主权和民族的高度，特别是在中国这样一个曾经饱受帝国主义欺凌的国家，进行外语授课特别容易激起国民的反对。著名语文教育家胡明扬（2002）撰文反对英语授课，认为："用英语授课应该限于外语院校，如果要推广到一般高等院校，那就不是一个英语教学问题，而是涉及高等院校的教学用语问题，是一个国家主权和民族问题。"另有学者则强烈呼吁"制止英汉'双语教学'"，认为语言"代表着国家的形象和主权"，教学语言主权的丧失"将导致国家整个主权的丧失"，"双语教学"等做法"违背国家通用语言文字法、教育法，甚至是违背宪法"。

从国家政策层面，教育部虽然早在2010年就外语授课问题给出了指导性方针，要求"本科教育要创造条件使用英语等外语进行公共课和专业课教学"，并要求金融、法律等专业"力争"三年内外语教学课程达到所开课程的5%～10%，但是并未发布详细实施方案，因此这一政策实际上落实情况并不如人意。

4.2 对教师的挑战

高校要推行国际化策略，课程的国际化是重要维度，而课程的国际化在很大程度上依赖于拥有大批能够用英语授课的教师。目前，英语授课课程给老师们带来了巨大的负担。例如，根据Annette Bradford（2012）的研究，目前在东亚大学英语授课的项目越来越多，这导致在语言、文化和管理上的巨大挑战。比如，在日本，教授们用英语授课比使用日语授课多付出4～5倍的努力，即使是在丹麦和挪威这样教授们拥有较高英语交流能力的国家，教授们也不愿意教授英语授课课程。

目前，大多数中国高校，包括国内"双一流"建设高校都缺乏能够用英语授课的教师。国内高校英语授课教师来源主要是两个渠道：聘任外籍教师和培养能够用英语授课的中国教师。在聘任外籍教师方面，根据中国教育国际交流协会在2015年年底发布的报告，平均每所中国高校的外籍专任教师人数为17人，最多者为234人。报告认为，从各项指标的均值来看，我国高校的整体国际化水平仍然有待提高，未来应着重在课程与教学国际化方面进一步提升。在培养中国教师方面，目前国内高校特别是"985""211"高校通过国家留学基金委的"访问学者"等项目派送了相当数量的教师赴外学习，但是由于这些老师一般只在境外学习一年，且在国外期间要完成大量科研任务，很少有时间进行语言学习或者教学培训，归国后要达到用英语开设课程且流利讲解还是有一定的难度。

4.3 对学生的挑战

学生的外语能力也对实行外语授课形成巨大的挑战。马来西亚在全英语教学方面所走过的弯路值得我们深思。马来西亚从2003年开始，在全国中学强制实行用英语教授科学等课程，却因为由于学生（以及教师）的英语语言能力不足，用英语授课大大降低了上课效率，不得不在2009年取消这一做法。（王传均，2009）韩国大学英语授课的例子也对我们有借鉴意义。据报道，韩国大学处于追随"国际化时代"的潮流和用韩国语把讲课内容忠实地传授给学生之间的两难境地。首尔大学经营学系教授宋在镛在完全用英语授课的"首尔大学全球MBA"课评审中获得最高分，但是，据其本人讲，用英语给韩国学生讲课时，学生的理解程度“降为用韩国语讲课的一半”，所以是要“传授知识”还是要“传授英语”，心里总是很矛盾（胡乐乐 2008）。

5 结语

高等教育国际化的趋势不可逆转。面对高等教育国际化的潮流，我们既要重视外语授课语言在高校国际化进程中的重要作用，也要注意其对国民感情、教师、学生等方面所产生的负面影响，加强分类指导，不搞一刀切。

我们要重视外语授课语言特别是英语授课在高校国际化进程中所起的重要作用。胡壮麟认为，“国家的外语能力影响到中国在国际上的话语权”。（张日培，2015：235）目前，英语已经成为事实上的通用语，如 Ronald Wardhaugh 所言，“英语是目前为止世界上最广泛使用的语言……没有迹象表明英语会停止传播，事实上英语看起来在世界上一直处于上升，没有真正的竞争者”。（Angel M. Y. Lin & Peter W. Martin，2005：116）Julie Dearden（2017）在为英国文化协会所写的报告“English as a medium of instruction – a growing global phenomenon”中根据对 55 个国家的受访者所做的统计显示，认为英语作为授课语言的趋势将会进一步继续的受访者达到 67%，仅有 7%的受访者认为这一趋势将会下降。因此中国高校，特别是“双一流”高校增加外语授课比例的必要性毋庸置疑。正如 Timonthy Raegon & Sandra Schreffler（2005）所说，如果选择不采用国际通行的语言来进行教学，那么高校就承担将自己学生与国际学术圈隔离，让学生进一步深造更加困难，而且在发表文章方面更加困难，“可能会面临多方都输的结果”。

对于“双一流”建设高校而言，授课语言的选择直接影响大学对教师的吸引力、对国际学生的吸引力，是一个学校国际化程度的重要因素。增加英语（或其他外语）授课的课程是建设双一流大学的必由之路。蔡基刚（2015）指出，高校专业课程用汉语授课还是用英语授课是一种选择。但是，“选择了汉语，又要提出争办世界一流大学就有点天方夜谭了”。开设全英语课程能够引入国际一流的专家教授，能够使用最新的英语原版教材，能够进行无语言障碍的国际学术交流。这三点是一所高校提升教学和科研质量，成为世界一流大学的关键所在。

在使用英语授课语言时，也要考虑多方面的因素。首先，在国家层面，需要加强语言规划，特别是在国家主权和国际话语权方面进行平衡。国际化并不等于“英语化”，如何能够在提升学生英语水平和国际交流能力的同时，提高学生母语水平和中国文化能力，助力中国文化走出去战略，这是当前需要考虑的迫切问题。其次，要加强分类指导，区分双一流大学与普通高校对外语授课语言的不同需求。提高英语授课比例，并不是一窝蜂让所有学校都开设全英文课程。高校应该根据国家以及自身定位，确定与本校适应的授课语言政策。但是，“985 工程”的定位就是建设“国际知名的高校”，如果在语言上不能迎头赶上，与国际对话、成为国际知名高校只能是梦想。再次，要加强对外语授课效率等方面的实证研究。比如，外语授课以何种方式助力高校国际化实践？又在多大程度上促进或者影响学生的成才？国内目前尚缺乏这方面的实证研究。

参考文献

[1] Angel M. Y. Lin and Peter W. Martin（Eds.），2005. Decolonialisation，globalization：Language-in-education Policy and Practice [M]. Clevedon，UK：Multilingual Matters.

[2] Annette Bradford, 2012. English Taught degree programs [J]. International Higher Education，No. 69 FALL.

[3] English Taught Courses For Undergraduates at Peking University [EB/OL]. http://dean.pku.edu.cn/englishcourses/, 2017-12-03.

[4] Julie Dearden, 2017. English as a medium of instruction – a growing global phenomenon [EB/OL]. https：//www.britishcouncil.org/sites/default/files/e484_emi_-_cover_option_3_final_web.pdf, 12-04.

[5] Knight，J.，2008. Higher Education in Turmoil：The Changing World of Internationalisation [M]. Rotterdam，the Netherlands：Sense Publishers.

[6] 蔡基刚. 国际化和英语化——语言政策是一种选择[J]. 外语电化教学，2015（3）：3-9.

[7] 蔡基刚. 教育国际化背景下的大学英语教学定位研究[J]. 外国语（上海外国语大学学报），2012，35（1）：69-76.

[8] 蔡基刚. 高等教育国际化背景下的外语教学评价体系调整[J]. 外语电化教学，2013（1）：3-8.

[9] 程星. 大学国际化的历程[M]. 北京：商务印书馆，2014.

[10]国务院关于印发统筹推进世界一流大学和一流学科建设总体方案的通知[EB/OL]. http://www.gov.cn/zhengce/content/2015-11/05/content_10269.htm，2015-11-05.

[11]胡乐乐，韩国“大学国际化”风潮陷入困境[EB/OL]. http://goabroad.sohu.com/20080527/n257105464.shtml，2008-05-27.

[12] 胡明扬. 外语学习和教学往事谈[J]. 外国语（上海外国语大学学报），2002（5）：2-9.

[13] 胡壮麟. 对中国外语教育改革的几点认识[J]. 外语教学，2015，36（1）：52-55.

[14] 教育部关于印发《关于加强高等学校本科教学工作提高教学质量的若干意见》的通知[EB/OL]. http://old.moe.gov.cn//publicfiles/business/htmlfiles/moe/moe_1623/201006/88633.html，2017-12-03.

[15] 陆根书，康卉. 我国“985 工程”大学高等教育国际化政策分析[J]. 高等工程教育研究，2015（1）：25-31.

[16] 彭泽润. 制止英汉“双语教学”以语言维护国家主权和国家安全——访著名语言学家、南开大学马庆株教授[J]. 现代语文，2005（1）：10-11.

[17] 清华全国招收 3372 名本科生，开设 100 多门全英文课程[EB/OL]. http://edu.qq.com/a/20150428/047553_1.htm2017-12-04.

[18]王传军. 马来西亚废除英语教数理政策[N]. 光明日报，2009-07-10（008）.

[19] 王刚，徐立清. 论大学的国际化：理念与策略[J]. 中国高教研究，2004（7）：40-42.

[20] 中国教育国际交流协会，2015 中国高等教育国际化发展状况调查报告[EB/OL]. http://www.ceaie.edu.cn/uploads/201604/13/G413377809693937.pdf，2017-12-05.

浅谈"戏剧英语"课程的"言-演-研"体验式教学模式

电子科技大学外国语学院　彭　焱　李冬青

摘　要：本文在分析认知语言学基于使用的特性和"以学生为中心"的体验式教学特点的基础上，指出了"戏剧英语"开展体验式教学的必要性。文章重点分析了"戏剧英语"目前采用的"言-演-研"体验式教学模式。"言"是指对经典戏剧文本的言说，注重培养学生"读"和"说"的能力。"演"是指学生通过排练并表演所学戏剧，培养学生的实践能力。"研"是指撰写研究文章或对戏剧作品的进一步加工，培养学生的研究能力。"言-演-研"体验式教学模式具有三大特点：（1）重视文本的深层阅读，让学生重拾经典阅读的乐趣；（2）注重学生实践能力的培养；（3）重构教学关系和师生关系。学生在"言-演-研"三位一体的体验式教学模式中具身体验和实际参与，从而逐步提高英语综合能力。

关键词：戏剧英语；言-演-研；体验式教学；以学生为中心

The Analysis of "Speak-Act-Research" Experiential Teaching Model of Drama English

PENG Yan，LI Dongqing
School of Foreign Languages，University of Electronics Science and Technology of China

Abstract：This paper analyzes the application-based feature of cognitional linguistics and the features of "student-centered" experiential teaching，and points out the necessity of experiential teaching in Drama English. The focus of the paper is laid on the analysis of the "Speak-Act-Research" experiential teaching model of *Drama English*. "Speak" refers to the reading and speaking of classical drama texts，aiming to foster students' abilities of "reading" and "speaking" "Act" includes the rehearsal and performance of the classical drama，with the purpose to cultivate students' practical application of English ability in act. "Research" is the writing of research paper or further procession of classical drama，thus to cultivate students'

本文为电子科技大学教学方法与考核方式改革示范课建设项目资助文章，项目编号：2018XJYJ-ZD84。

ability of doing research. The "Speak-Act-Research" experiential teaching model of Drama English has three features: first, it puts emphasis on deep reading of texts and help students resume the pleasure of reading classic; second, it lays stress on the cultivation of students' ability to put English language into practical application; third, it rebuilds the relationship between teacher and students. Students' active participation in the teaching and learning process of *Drama English* helps promote their English integrated applied abilities.

Key words: Drama English; Speak-Act-Research; experiential teaching; student-centered

1 认知语言学视域下的体验式教学

1.1 认知语言学基于使用的特性

俗话说："岸上学不好游泳，嘴里说不出庄稼。"学习语言的目的是为了交流和运用，而语言的学习效率也只有在实际的运用中才能得到最大的提升。

认知语言学奠基人 Langacker（1987）认为语言使用对语言认知表征具有重要影响，可见语言的使用对学习语言的重要性。认知语言学就是认知科学在语言学里的运用，它注重语言学习的认知规律，强调在实际体验中学习语言。文旭（2014：16）指出认知语言学的一个重要特征就是"以用法为基础的特性"，这是与外语教学相关的一个非常重要的因素。"反复的接触和训练对语言学习者认知结构的发展非常重要，从而使他们说出流利而符合语法的话语"。（文旭，2014：16）外语教学领域内目前常用的互动式教学、启发式教学、讨论式教学等"以学习者为中心"的教学方法实际上都是注重语言在实际中的运用，鼓励学生在对语言的反复运用、训练和操作中培养语感，逐步提高听说读写译等外语交际能力。

1.2 "以学生为中心的"体验式教学

体验式教学的特点是"'以学生为中心''以任务为基础'，让学生通过'具体体验'来'发现'语言使用原则并能够应用到实际交流中的大学英语的教学方法"(郭佳等 2005:77)。

传统的"以教师为中心"的教学模式注重教师的权威性，注重教师"应该"教什么和学生"应该"学什么，师生之间缺乏互动和交流，学生缺乏参与的积极性，教与学的效率低下。而"以学生为中心"的教学模式强调学生"能"学什么和"喜欢"学什么，学生是教学过程的主要参与者，教师不再是领跑者或主导者，而只是发挥引导和建议的作用，教学的目的和任务不在"教"而在"学"。

意大利女教育家蒙特梭利是体验式教学的先驱，她主张孩子在学习的过程中要亲身实践和亲自动手。1952 年卡尔·罗杰斯提出"以学习者为中心"的观点，这种新的教学观念后来在美国获得大力的推广。其实早在孔子创办私学的时代，孔子就提出"不愤不启，不悱不发"和"有教无类"等"以学习者为中心"的教学理念，后来朱熹把孔子的这一系列教学理念总结为我们熟知的"因材施教"。而在古希腊，"赛会制"（Agon）①的

① Agon 是一种源自古希腊的教学模式，在教学课程中鼓励学生以辩论的方式探讨问题，寻求真理。在整个过程中，学生是教学的主导者，教师不会以权威的身份裁决辩论的胜负方。

教学模式中并没有教师做出所谓权威的裁决，学生就是主要的参与者，他们在相互讨论、争论或辩论的过程中积极地思考，促进了学生思辨能力和求知欲的提高。而苏格拉底的“产婆术”教学方式在问答过程中，教师不会直接向学生揭示答案，而是不断揭示对方谈话中自相矛盾之处，一步步引导学生去反思，去发现真理。这些都是“以学习者为中心”的体验式教学典范。

因此，从认知语言学的基于使用的特性，我们可以看到“以学生为中心”，就是关注学生对语言使用的参与度，最根本的是要实现以“教”为中心向以“学”为中心的转变，即从“教师将知识传授给学生”向“让学生自己去发现和创造知识”转变，从“传授模式”向“学习模式”转变。（刘献君，2012：3-4）

2 “言-演-研”体验式教学模式在“戏剧英语”课程中的运用

2.1 “戏剧英语”课程简介

“戏剧英语”是根据电子科技大学“国际化，双一流；高要求，多元化”的校本需求和以培养学生“新四会”能力为重点的精英人才培养模式而开设的一门理论与实践教学相结合的课程，面向非英语专业大一学生，属于专门交流用途英语的范畴。

“戏剧英语”是一门实践性很强的体验式课程。课程主要包括教师讲解理论知识和学生表演实践两部分，总共 32 学时，其中理论教学部分占 12 学时，实践教学部分占 20 学时。课程的实践教学部分涵盖学生复述剧本、讨论相关话题、朗诵和背诵经典选段、课堂即兴表演、小组排练和表演、期末会演等环节。

“戏剧英语”课程的教学过程遵循语言学习的认知规律，要求教师在情境中教学，学生在体验中学习，强调学生在教学中的主观能动性。学生参与体验复述、朗读、背诵、模仿、即兴表演、小组排练和表演等一系列实践活动，不断获得经验，习得知识，从而提高英语的实际运用能力。在整个教学过程中，学生需要全身心的参与，调动头、眼、手、心以及身体的其他各个部位，通过眼神的交流、面部表情的展现、肢体语言与口头语言的结合来表达自己内心的思想和情感，同时与戏剧的作者、戏剧中的任务和观众进行交流，从而产生共鸣。整个过程就是一个具身参与的体验过程。

2.2 “言-演-研”体验式教学模式

“戏剧英语”课程采用的是**“言-演-研”**三位一体的体验式教学模式，全课程贯穿启发式、讨论式、参与式、研究式等教学理念，从“听”“说”“读”“写”“品”“演”和“研”等各方面提高学生的英语学习水平。

2.2.1 言

“言”是指对经典戏剧文本的言说，主要包括两部分内容：一是学生在阅读剧本后讲述经典戏剧的主要内容，对作者、戏剧背景、故事梗概等进行简介；二是学生在课堂上朗读或背诵戏剧中的经典选段或对白。

本环节的教学目的是培养学生**“读”和“说”的能力**。“读”是指细读剧本，教师给学生提供经典的戏剧剧本（包括中英文双语），学生在课前仔细阅读剧本，做好相关笔记和资料收集。“说”是指在课堂上的讲述、背诵和朗读。“读”和“说”是为了培养学生最基本的阅读、朗读和复述等口头表达能力，其中，“读”是“说”的基础，“说”是对“读”的内容的展现，“读”是输入，而“说”是输出，二者相辅相成。在 “读”和 “说”的过程中，学生对文本、作者的创作目的、戏剧内涵和角色心理也有更好的理解和把握。

本环节的第一步要求学生细读课堂拟讲授的戏剧文本，并且每次在课堂上利用半个小时的时间，让学生就课堂拟讲授的戏剧进行作者简介、背景简介、内容简介、角色介绍等，从而提升学生的语言口头表达能力。本环节第二步鼓励学生模仿对经典选段的朗读或背诵，提升英语词汇量，提高文本理解能力，培养英语语感，体会文学作品的语言之美。比如，学生在用心模仿朗诵哈姆雷特（Hamlet）独白的过程中，去体会哈姆雷特进退维谷的两难境地，从而帮助学生理解哈姆雷特不断推迟复仇的原因。而对夏洛克（Shylock）申述的模仿，则可以帮助学生理解夏洛克对安东尼奥深深的仇恨来源于基督教和犹太教的宗教矛盾和民族矛盾，从而理解是犹太人当时所处的时代背景和历史原因造就夏洛克这样吝啬的守财奴，也能理解为什么夏洛克也被人们称为“a good hater”或“a man no less sinned against than sinning”.

2.2.2 演

“演”是指学生通过排练并表演所学戏剧，从而培养学生的实践能力。本环节要求学生在充分理解文本含义及原著意图的基础上，通过观看相关视频，排练课堂上讲授的戏剧的某一部分，并在班上加以现场表演，加深学生对人物形象以及作品主题的理解。

本环节的教学目的是培养学生**“听”“品”和“演”的能力**。“听”是指听台词和对白。学生在课堂上听戏剧中的经典选段或名言名句，做包括填空、选择、判断和简答等相应的听力练习。“品”是指学生在课堂观看戏剧的经典选段和课后观看整部戏剧或改编电影，并对剧中人物和戏剧进行分析和评价。“品”的过程可以培养学生正确的审美取向，提升艺术欣赏品位，为后面的“演”打下良好的基础。

最后的“演”是一个产出的过程，“演”包括课堂即兴表演、平时分组表演和期末会演三个环节。**即兴表演**可以由一个人单独或几个人在课堂上合作完成，通常只有 1～2 分钟的准备时间。例如，在学习《窈窕淑女》[①]时，学生要用自己的口头语言和肢体语言在课堂上表演“卖花女”和“淑女”的区别，或“清洁工人”和“绅士”的区别。在学《哈姆雷特》时，学生要即兴表演出哈姆雷特见到父亲鬼魂那一刻的状态，无论是惊慌、质疑、害怕还是悲痛，学生都要通过“演”来表达自己对这一刻哈姆雷特内心感受的理解。即兴表演注重培养学生的反应能力和创新能力。**平时分组表演**要求学生自愿组成小组，选取戏剧中的经典场景进行表演。学生需要 1—2 周的时间准备和排练，而教师每个单元都会专门留出两节课，随常指导需要表演的小组进行排练。在排练的过程中，教师会从语音语调、动作表情、人物心理、服装道具、背景音乐等给予学生全方位的指导和建议。在整个排练的过程中，学生是主创者，教师是旁观者，教师的作用是和每个学生都有充

① *My Fair Lady*，《窈窕淑女》，又名《卖花女》，是著名剧作家萧伯纳根据自己创作的戏剧《皮格马利翁》改编而来。

分的接触和交流，能了解每个学生的学习状态，帮助学生更好地展现自己。**期末会演**是让学生分组改编经典剧本或原创英语剧本并在 20 分钟之内把一部完整的戏剧表演出来，目的是为了进一步培养并检验学生的写作能力、创新能力、戏剧表演水平和团队协作精神。期末会演要求学生带上道具，穿上服装，把一部戏剧完整地展现在全班同学眼前，而不再只是片段的展现。

"演"是学生充分展现自我、表达自己对作品和人物的理解以及自己对生活理解的过程，注重培养学生的创造力和想象力。所谓"一千个读者心中有一千个哈姆雷特"。在"演"的过程中，教师鼓励学生按照自己的理解创造性地去诠释作品中的人物，给角色以新生，而不是一味地去模仿经典。比如在表演哈姆雷特的独白这一段，有学生并没有按照电影中的演绎去表达哈姆雷特内心的痛苦和愤怒，而是表现出哈姆雷特对人世的嘲弄，甚至加上冷笑和讥讽，这也是学生对哈姆雷特性格另一方面的认识和诠释。

"演"也需要学生学会合作与交流。小组表演和期末会演都是需要几个学生的共同合作来完成，剧本的撰写或改写、排练的配合、服装道具和背景音乐的准备等各方面都需要学生共同协调，某一个学生的缺席或不配合都会导致小组全体成员时间的浪费。因此，"演"也是培养学生合作精神的重要过程。

在"演"这个环节中，"听"和"品"是输入，而"演"是输出，三者也是相辅相成的，缺一不可的。

2.2.3 研

"研"是指撰写研究文章或对戏剧作品的进一步加工，培养学生的研究能力。

本环节的目的是为了培养学生**"写"和"研"的能力**。在"写"和"研"的过程中，学生可以学会辩证地看待问题，并通过严谨的创作过程将之表达出来，也是对整个学期体验式学习的总结。在"研"的过程中，学生要树立严谨治学的态度，从查找文献、整合资料、提取摘要和关键词、撰写论文、整理注解和参考文献等一步步做下来，体验科研论文的写作过程。

本环节要求学生在期末撰写研究型材料。学生撰写的内容包含但不限于（1）研究文章，可以是对剧作家创作思想和风格、戏剧与文化和社会的关系、角色分析等，要求不少于 2000 字，严格按照研究文章的格式，包含摘要、关键词、正文和参考文献。（2）对原著（或其部分）进行缩写、改写或仿写。（3）根据自己的经验和体会原创剧本。

如果说在前面的"言"和"演"两个环节中，学生还局限于肤浅的理解和表达，那么最后的"研"这个环节则是让学生沉下心来，静静地学会写文章，做学问，把前面动态的表达用静态的方式加以总结和反思，使前面的两个环节得以升华。

3 "戏剧英语"课程体验式教学的特点

3.1 重视文本的深层阅读，让学生重拾经典阅读的乐趣

信息技术的进步使得学生的生活和学习方式发生了改变。手机和网络的普及使得学生更多地以所谓"碎片化阅读"的方式去获取信息，很少有人再去阅读经典文学作品。有学者直言，碎片化阅读"不利于学术研究，构建精神高地"。（陈熙涵，2013）碎片化

阅读让学生形成阅读惰性，令我们不愿意再在读书时进行主动的学习和理解。通过“言-演-研”三位一体的教学方式和考核方式，让学生能够真正深入文本，探索文本，并在阅读经典的过程中不断丰富自己的人生体验。

3.2 注重学生实践能力的培养

有学者指出，目前各大高校类文学课程在认识观念、课程设置、教学内容、教学手段等方面存在各种问题，在实际教学中，应该坚持以学生为中心，教师启发为辅，力求实践与研究相结合。（戴新蕾，2016：104）本课程所强调的“言-演-研”三个环节均主要是从学生出发，重视学生的动口、动手、动身以及动脑等实践，促进学生体验式参与教学过程。

3.3 重构教学关系和师生关系

在传统的教学课堂中，由于课时不足以及教师教学观念等原因，教师只能以“灌输”的方式给学生提纲挈领地灌输一些基本文学知识和经典名著概要，难于真正赏析文学作品，提高学生的人文素养更无从谈起。但是，在建构主义学习观中，教师和学生的角色也相应发生了巨大变化。教师的任务不再像以前那样仅仅教给学生传递知识，而是变成学生学习活动的组织者、指导者、帮助者和促进者的作用，利用情境、协作、会话等充分发挥学生的主动性、积极性和创新精神，最终达到学生有效地实现对当前所学知识的意义建构的目的。（李冬青，2005：110）本课程“言-演-研”三个环节都贯彻了“以学生为中心”的原则，能够保证学生积极参与学习的每一个环节：在“言”这一环节，主要是学生参与，教师仅做画龙点睛的点评；在“演”这个环节，全部由学生参与，教师仅做组织者和裁判员；在“研”这一环节，教师的作用是提供方法指导和选题参考，其余全部由学生独立完成。因此，真正地做到以“以学生为中心”以及学生主导，教与学的关系以及师与生的关系得以重构。

富兰克林曾说过：“告诉我，我会忘记；教给我，我可能会记住；让我参与，我才能学会。”体验式的教学强调了学习中学习者参与的重要性，也就是体验的重要性，它是提高学习效率的必要条件。“戏剧英语”遵循“以学生为中心”的教学理念，鼓励学生在教学过程中的体验参与，注重学习模式和体验效果。而学生在“**言-演-研**” 三位一体完整的学习链中充分践行了美国教育学家 John Dewey 提出来的“做中学”（leaning by doing）的理念，在语言的实际使用中能充分地体验学习的兴趣和感受实践效果，从而把所学的知识充分转化为自身的内涵。

参考文献

[1] 陈熙涵，郑文丰. 碎片化阅读：文字变“轻”内涵变“浅”[N]. 民主与法制报，2013-03-04.
[2] 戴新蕾. 基于实践与研究并举的英美文学课程教学[J]. 文学教育（下），2016（5）：102-104.
[3] 郭佳，等. 大学英语体验式教学探讨[J]. 北京交通大学学报（社会科学版），2005（3）：76-80.
[4] 黄洁. 国外认知语言学研究的最新动态[J]. 现代外语，2012（1）：85-110.
[5] 李冬青. 建构主义学习观中教师角色探讨[J]. 内江师范学院学报，2005（3）：110-112.
[6] 李恬，牛保义，徐盛恒. 认知语言学研究热点和发展趋势[J]. 外国语，2014（2）：93-96.

[7] 刘献君. 论“以学生为中心”[J]. 高等教育研究，2012（8）：1-6.

[8] 刘正光，艾朝阳. 从认知语言学看外语教学的三个基本问题[J]. 现代外语，2016（2）：257-267.

[9] 石毓智. 认知语言学的功与过[J]. 外国语，2004（2）：21-33.

[10] 束定芳. 中国认知语言学二十年——回顾与反思[J]. 现代外语，2009（3）：248-256.

[11] 束定芳. 近 10 年来国外认知语言学最新进展与发展趋势[J]. 外语研究，2012（1）：36-44.

[12] 文旭. 认知语言学：诠释与思考[J]. 外国语，2001（2）：29-36.

[13] 文旭. 认知语言学的基本特征及其对外语教学的启示——应用认知语言学探索之二[J]. 外语教学理论与实践，2014（3）：16-22.

[14] 尹晟. 认知语言学与大学英语教学初探[J]. 新课程研究，2009（141）：15-18.

[15] Langacker，Ronald W. , 1987. Theoretical Prerequisities [M]. Foundations for Cognitive Gramma r（01）：Stanford：Standford University Press.

基于四川少数民族地域文化的对外汉语文化课程探究

电子科技大学外国语学院　吴　菲

摘　要：阐释少数民族地域文化的概念，分析以少数民族文化结合地域文化开展对外汉语文化教学的必要性，并进行相应的课程实践，探讨改变以汉民族文化为主的对外汉语课堂，以期能够更全面地传播中华文化并在课程设置、教材开发、师资建设及对外宣传等方面进一步改进对外汉语文化教学。

关键词：少数民族地域文化；对外汉语文化课程；课程实践

An Exploration of Regional-Minority-culture-based Culture Course in Teaching Chinese as a Foreign Language

WU Fei
School of Foreign Languages，University of Electronic Science and Technology of China

Abstract：In this paper，we try to explore an instructional mode based on regional-minority culture in teaching Chinese as a foreign language（TCFL），in order to discuss the possibilities on altering the current culture course in TCFL for the reason that it is based mainly on Han-culture，and this could mislead foreign Chinese learners to understand Chinese culture as Han-culture. So we explain the concepts of regional-minority culture，analyze the necessities for the instructional mode and introduce course practice，in hopes that we could improve ourselves in teaching materials design，teacher development and Chinese culture communication.

Key words：Regional-minority culture；culture course in teaching Chinese as a foreign language；instruction practice

---

基金项目：四川外国语言文学研究中心、上海外语教育出版社资助项目“构建基于地域文化的体验式对外汉语文化课程模式”（项目编号：SCWYH17-09）阶段性成果。

1 引言

近年来，随着我国经济建设的不断发展，对外交流与日俱增，来华学习的汉语留学生群体逐渐增大，这极大地促进了各种文化课程的开设。在课程设置中，要注意由于各民族、中国各地域有着不同的历史发展过程和不同的生活环境，因此不同地域的价值观念、思维方式、文化习俗等也存在很大差别（曲凤荣 2008：56）。然而长期以来，在对外汉语教学中，地域化和本土化的课程及配套相对缺乏。以教材为例，许多高校采用的教材都是以汉民族的文化传统为依托开展语言和文化学习（叶南、田耕宇 2004：328），缺乏体现地域文化特色的学习材料。课程教学也多以语言操练为主，汉族文化介绍为主，缺乏地域性的文化输入。因此，如何进一步实现对外汉语文化课程的地域化成为研究的一个重点。在笔者所在的四川，少数民族地域文化为其地域文化的主要特点。本文将从课程设置的必要性和课程实践两方面探讨如何基于四川少数民族地域文化开展对外汉语文化教学。

2 少数民族地域文化的概念和理解

四川地区是汉族与少数民族的聚居区，少数民族人口多，长期以来与汉文化相互影响，因此，少数民族地域文化是四川地域文化的一个主要特色，同时也是了解该文化的切入点。

2.1 地域文化的定义

地域文化是一定地理范围的文化，通常是当地人的生活习惯、民族文化、宗教习俗、信仰和群体的思维方式等的综合。如果一定要下定义，地域文化就是在一定范围内长期反复实践，具有当地特色的、自成体系的、有自身风采的历史文化。这种文化有地域的区分和历史传承的特点，在每个地域都可以追寻历史的文化现象和遗存，是值得后辈人一代代传承下去的历史文化（胡宁 2014：95）。因此地域文化是具有悠久历史，能够传承和独具特色且至今仍然在人们生活中有影响的。

2.2 四川少数民族地域文化

四川自古以来以蜀文化的发展形成多民族共融的格局。以彝族、藏族、羌族为主，四川有 52 个少数民族，不仅少数民族种类多，而且人口也众多，各民族的相互交流和语言文化习俗等各个方面对汉民族的影响可见一斑。例如，藏语言的传播、彝族的歌舞饮食、摩梭族的婚俗和羌族的乐器，乃至今天依然吟诵“羌笛何须怨杨柳，春风不度玉门关”这样的诗句。由此可见，尽管各民族皆风俗各异，文化多样，在漫长的岁月中交互共融，相互影响，使少数民族地域文化成为四川宝贵的文化资源，也使四川地域文化形成了多元一体化的特点。因此，在这个层面上，对四川地域文化便可定义为少数民族地域文化。

3　基于少数民族地域文化开展对外汉语文化课程的必要性

在四川，以少数民族地域文化为基础开展对外汉语文化课程有其独特的必要性和重要性，主要体现在以下几个方面。

第一，课程发展的必然趋势。国家汉办制定的《高等学校外国留学生汉语言专业教学大纲》，将外国留学生汉语言专业教育的培养目标规定为："具备扎实的汉语言能力与言语交际能力；掌握系统的汉语基础理论与基本知识；掌握基本的中国人文知识，熟悉中国国情和社会文化。"语言与文化密不可分，对外汉语教学既是语言学习，也是一种文化学习。同时，对外汉语教学的目标之一就是弘扬中国文化，让中国文化走向世界。然而中国疆域辽阔，地域性差异大，仅让学生单纯地了解一种民族，一种文化，难免会造成他们对中国国情和社会文化的了解有失偏颇。高校对外汉语教学的对外辐射面非常广，是传播地域文化的主阵地。因此，在各地高校针对当地的地域文化开展文化课程是一项必不可少的任务，也是文化课程发展的必然趋势。地处四川少数民族地域文化之中，更应该因势利导，开展与之相呼应的对外汉语文化课程。

第二，符合留学生学习兴趣。在对外汉语教学中，一方面要从文化教学自身的特点出发，另一方面要结合留学生的实际需要。（曲凤荣，2008：56）许多留学生选择到四川留学，很大程度上是由于对四川少数民族地域文化感兴趣。例如，多数留学生是冲着神秘的西部少数民族文化而来的。（叶南，2003：141）因此基于少数民族地域文化开展教学，能够符合学生的兴趣点，从很大程度上激发留学生的学习兴趣，贴合学生的实际需要，从而更好地带动语言学习。

第三，独特的地域文化优势和地理优势。四川为蜀文化的发源地，有多民族融合的居住模式，单在这个区域就能够提供给来华留学生得天独厚的条件去亲身体验少数民族文化，能够理论联系实际，将文化学习与语言学习有机地结合起来。另外，四川位于中国西南部，是西部的窗口，通过四川，外国人能更好地了解当代中国西部的状况，尤其能更多地了解开放程度较低的西部民族地区。

第四，推进中华文化的传播。中华文化既包括汉民族文化，也包括少数民族文化；既包括中原文化，也包括周边文化。但在以往的对外汉语文化教学中，对中原地区汉民族的精英文化予以高度的重视，而对地方文化的弘扬却较为忽视，甚至缺少传播意识。这不仅使中国文化的丰富内涵处于不完备的状态，也使留学生对中华文化的认识陷入以偏概全的误区。（张亚冰，2009：133）将少数民族文化纳入对外汉语学习，通过课程设置和课程学习，有助于传播更加全面的中华文化，使中国以更全面的面貌走向世界。

第五，对少数民族文化的巩固和推广。基于少数民族地域文化开展教学对少数民族文化自身起到促进、保护和发展的作用，同时也推动少数民族地区的发展。少数民族文化是中华文化的一块瑰宝，少数民族尽管总体人口数量少，但依然保持完整独特的文化体系，包括语言文字、风俗习惯、饮食居住和民族艺术等。然而长期以来，由于经济发展的相对不平衡，西部少数民族地区相对落后，封闭，导致与外界的联系极度缺乏，不利于其自身的发展。少数民族文化在留学生中的传播和交流有利于适度扩大其影响力，（李宏亮，2014：59）从而促进其自身的传承发展。因此，通过此类对外汉语文化课程和对少数民族文化进行更大程度地保护、传承和传播。因此，有必要开设基于四川本土少数民族地域文化的对外汉语文化课程。

4 教学实践

在教学中，本课程主要是以少数民族地域文化为载体，开展各项教学活动，进行教学设置。课程设置主要以知识教学与课内外实践相结合，输入与输出相结合，从而实现以文化学习为主，进一步增进语言学习，促进文化传播推广的目标。其具体的课程实施从输入到输出分为以下几个方面。

第一，课程讲解。作为主要输入部分，课程讲解以知识性介绍为主。课程讲解按文化分类划分为多个模块，例如，宗教信仰、民族歌舞、饮食文化、节日文化、婚俗文化、服饰文化和神话传说等。在每一个模块进行教学时，第一个环节均以各种文字文本视听资料等为媒介开展介绍并拓展知识，比如节日文化中，讲解彝族的火把节和藏历新年等，通过节日介绍又拓展到对四川凉山地区的介绍，进一步学习少数民族的一些词汇，比如彝族相关的“彝、葫芦笙、转转酒”等词汇，帮助学生更全面地了解一个文化模块。讲解之外，教师引导学生进行讨论、发言和答疑解惑等，以充分的输入准备完善下一步学习。

第二，课内外实践。课内外实践为每一个单元模块开展的第二个环节，也是引导学生进行知识内化的环节。课内实践有操练少数民族词汇，以当地习俗为背景开展场景会话和短剧表演，以少数民族神话传说为内容开展角色扮演等活动。利用多种手段检验学生所学，同时丰富课堂，加深学生印象。课外实践主要以室外参观，例如参观博物馆、与少数民族同学互动和实地“采风”等活动，帮助学生更生动具体地了解文化现象和内涵。

第三，文化活动。作为每一个单元模块的第三个环节，文化活动展示成为重要的输出环节。输出部分主要为：学生课堂报告，内容为采风报告和学习报告；文化节，与少数民族同学一起开展文化展示，进行文化交流；文化展示，展示少数民族文化，比如学跳藏舞、制作少数民族特色食品和少数民族服装秀等。通过多样的文化活动促进文化知识的输出，同时实现文化传播和文化交流的重要目标。

第四，教学材料。教学材料需要引导学生学习和思考，并根据课程的特点实现个性化。目前关于系统学习四川少数民族地域文化的对外汉语教程还很缺乏，因此教学材料需结合各类文本材料，根据课程文化模块内容进行选择，就地取材，因地制宜，由浅入深，有机整合，由此满足学生学习的需要。

5 结语

在当今全球文化传播快速发展的大环境下，高校是中华文化对外传播的一个重要区域，而地域文化正是文化传播的一个重要切入点。四川作为西部的窗口，少数民族聚居的地域，结合当地少数民族文化开展对外汉语文化教学，符合国家对外汉语教学发展的趋势，满足来川留学生的个性需求，促进中华文化全面发展同时巩固推进当地少数民族文化的发展。然而课程的开发尚处在起步阶段，在课程设置、教学资源开发、师资建设和对外宣传等多个方面仍需要不断探索，寻求发展，为能够更大限度地传播中华文化而努力。

参 考 文 献

[1] 胡宁. 广西地域文化背景下的对外汉语教学探究[J]. 科教导刊，2014（3）：95-96.

[2] 李宏亮. 中国少数民族文化与对外汉语教学[J]. 贵州民族研究，2014（3）：59-62.

[3] 曲凤荣. 对外汉语教学中本地文化资源的开发利用与课程设置[J]. 教育探索，2008（5）：56-57.

[4] 叶南. 让世界认识西部了解西部-西南民族院校对外汉语教学设想[J]. 西南民族大学学报（人文社科版），2003（10）：141-143.

[5] 叶南，田耕宇. 西部民族院校对外汉语教材编写设计[J]. 西南民族大学学报（人文社科版），2004（8）：328-331.

[6] 张亚冰. 地域文化视野下的留学生本科课程设置[J]. 语文学刊（外语教育与教学），2009（10）：133-134.

后　记

四川省认知语言学研究会成立于2015年9月，是由四川省民政厅批准而成立的省级一级学会，会长单位和秘书处设于电子科技大学。自成立以来，承蒙学界同仁的关爱和支持以及会员单位的齐心协力，研究会得以不断发展、壮大。

研究会长期致力于为广大学人搭建交流、学习的平台，除了举办常规年会，还积极举办专题学术论坛和会议，所组织的各项学术活动得到学者们积极的响应。作为研究会会刊，《认知与语言教育》也收到了与会嘉宾和业内人士的热情来稿。2019年10月25—27日，由研究会承办的《第五届中国心理语言学国际研讨会》将在电子科技大学召开。会议议题包括（但不限于）:（1）心理语言学研究范式和方法;（2）汉语的语音、词汇、句法和语义加工的相关研究;（3）外语的语音、词汇、句法和语义加工的相关研究;（4）双语理解、表征与产出机制研究;（5）口译的认知神经科学研究;（6）语言障碍诊断与干预研究;（7）语言与社会文化认知研究;（8）人工智能语言学研究;（9）第二语言学习与教学研究。届时，将邀请国内外知名学者做主旨发言，还将免费举办研究方法培训，如ERP原理及数据分析技术、心理语言学实验研究设计等。电子科技大学热忱欢迎广大学界同仁前来参会、交流。

作为研究会会长和秘书处单位，电子科技大学外国语学院坚持“育人为本，教学为先，学科搭台，人才强院”的原则，悉心服务于学校基础课教学，服务于学校国际化办学理念和服务于各院系人才差异化培养需求。追求卓越，砥砺前行，在人才培养、学科建设内涵式发展、人文科学研究、开放式国际化办学和校园文化建设以及社会服务中取得了优秀的成果。

外国语学院现设有英语、翻译、日语和法语四个本科专业，拥有外国语言文学一级学科硕士点和翻译硕士专业学位授予点，形成了外国语言学及应用语言学、认知神经语言学、翻译学、比较文学与跨文化研究四个主干学科方向。学院现有教职工127人，其中专任教师105人，教授11人，副教授49人，博士学位教师44人，其中海外博士11人，博士后3人，教育部新世纪优秀人才入选者 1 人，教育部师德标兵 1 人，四川省教学名师 1 人，四川省学术与技术带头人 1 人，四川省学术与技术带头人后备人选 4 人。

近 5 年，外国语学院承担科研项目 78 项，其中，国家自然科学基金项目 1 项、国家社科基金项目 6 项、教育部人文社科项目 7 项；获四川省人民政府哲学社会科学优秀成果奖 2 项，四川省教育厅哲学社会科学优秀成果奖 7 项；出版学术专著 21 部、译著 17 部，师生共发表学术论文 500 余篇，其中 SCI / SSCI / A&HCI 检索论文 13 篇（《美国科学院院报》（PNAS）等 SCI 一区论文 4 篇），CSSCI 论文 65 篇。学院现有“四川省青少年数字化语言文化普及基地”和校级“信息化外语教育研究基地”“翻译专业学位研究生实验平台”。此外，学院还有共享神经信息教育部重点实验室和高场磁共振脑成像四川省重点实验室，为认知神经语言学特色学科研究和人才培养提供了有力的支撑。

展望未来，电子科技大学外国语学院将继续深化改革，追求学术，服务社会。我们相信，在广大同仁的关心和支持下，四川省认知语言学研究会必将茁壮成长，枝繁叶茂，收获更加丰硕的成果。

编　者

2018 年 11 月